Das große Gericht:

Die Herrschaft des schwarzen Todes in Europa

1347-1352

Von

Dr. J. F. C. Hecker

Das große Gericht:

Die Herrschaft des schwarzen Todes in Europa

1347-1352

Von

Dr. J. F. C. Hecker

Impressum:
© 2020 Conrad Thiess (Hrsg. u. Bearb.)
Herstellung und Verlag: BoD – Boooks on Demand, Norderstedt.
ISBN: 978-3-75190-486-5

Vorwort.

MAN findet hier eine inhaltreiche Seite der Weltgeschichte aufgeschlagen. Sie handelt von einer Erschütterung des Menschengeschlechts, der an Umfang und Gewalt keine andere gleichgekommen ist, sie spricht von unglaublichen Niederlagen, von Verzweiflung und entfesselten dämonischen Leidenschaften, sie zeigt den Abgrund allgemeiner Gesetzlosigkeit in Folge einer Weltseuche, die sich von China bis nach Island und Grönland verbreitete.

Die Veranlassung, dieses Bild einer längst entschwundenen Zeit zu enthüllen, liegt am Tage. Eine neue Weltseuche hat fast dieselbe Ausdehnung erreicht, und wenn auch weniger furchtbar, doch ähnliche Erscheinungen zum Teil hervorgerufen, zum Teil angedeutet. In ihren Ursachen ihrer Verbreitung über Asien und Europa liegt die Aufforderung, sie von einem großartigen Gesichtspunkte aufzufassen, denn sie führt zur Ahnung des Weltorganismus, in welchem das organische Gesamtleben den großen Naturkräften untertan ist. Nun ist menschliches Wissen noch nicht so weit gediehen, in die Vorgänge über und unter der Erde Zusammenhang zu bringen, oder auch nur die Naturgesetze vollständig zu ermitteln, deren Kenntnis man bedürfte, viel weniger sie auf große Erscheinungen anzuwenden, in denen eine Triebfeder tausend andere in Bewegung setzt. Von dieser Seite ist also jener Gesichtspunkt nicht aufzufinden, wollen wir nicht in das unfruchtbare Gebiet der Vermutungen geraten, deren die Welt schon zu viele hat. Wohl aber zeigt er sich auf dem weiten und gedeihlichen Felde der historischen Forschung. Die Geschichte, dieser Spiegel des Menschenlebens in allen seinen Richtungen, bietet auch für die Weltseuchen eine unerschöpfliche, wenn auch wenig gekannte Fundgrube von Tatsachen dar, sie macht auch hier ihre Würde als wahrheitsliebende Philosophie der Wirklichkeit geltend. Ihrem Geiste entspricht die Auffassung der Weltseuchen als Weltbegebenheiten, die Deutung ihrer Erscheinungen aus der Zusammenstellung des Gleichartigen, in der die Tatsachen durch sich selbst reden, indem sie aus höheren Gesetzen des fortschreitenden Menschenlebens hervorgegangen erscheinen. Kosmischer Ursprung und folgenreiche krampfhafte Regung der unterliegenden Völker sind die hervortretenden Seiten, auf welche sie bei allen Weltseuchen hinweist. Diese selbst aber gestalten sich in ihren Eingriffen auf den Organismus wie in ihrer Verbreitung sehr verschieden, und es ist hier eine Entwickelung von Form zu Form in Jahrtausenden unverkennbar, so daß die Weltgeschichte in große Zeiträume zerfällt, in denen bestimmt ausgeprägte Seuchen vorherrschten. So weit unsere Zeitbücher reichen, kann hierüber noch mehr oder minder sichere Auskunft gegeben werden. Doch ist dieser Teil der medizinischen Geschichtschreibung, der in die Weltgeschichte so vielseitig und mächtig eingreift, kaum erst in der Anlage begriffen. Die Ehre der Wissenschaft, die menschlichem Tun und Treiben überall vorleuchten soll, läßt uns den Wunsch aussprechen, daß er auf dem noch nicht ganz verschütteten Boden der deutschen ärztlichen Gelehrsamkeit erfreulich gedeihen möge.

Berlin, den 2. März 1832.
d. V.

I. Allgemeines.

IN großen Seuchen offenbart sich die allwaltende Macht, welche den Erdball mit all seinen Geschöpfen zu einem lebendigen Ganzen gestaltet hat. Die Kräfte der Schöpfung treten in gewaltsamen Widerstreit: die trockene Schwüle des Luftkreises, die unterirdischen Donner, die Nebel der übertretenden Wasser verkünden Zerstörung, der Natur genügt nicht der gewöhnliche Wechsel von Leben und Tod, und über Menschen und Tiere schwingt der Würgengel sein flammendes Schwert.

Diese Umwälzungen geschehen in großen Umläufen, die dem Geiste des Menschen in seiner Beschränkung auf einen kleinen Kreis der Erkenntnis, unerforschlich bleiben. Aber sie sind größere Weltbegebenheiten, als irgend andere, die nur aus der Zwietracht, oder der Not, oder den Leidenschaften der Völker hervorgehen. Sie erwecken durch die Vernichtung neues Leben, und wenn der Aufruhr über und unter der Erde vorüber ist, verjüngt sich die Natur, und der Geist erwacht aus Erstarrung und Versunkenheit zum Bewußtsein höherer Bestimmung.

Wäre es menschlicher Forschung noch irgend erreichbar, ein historisches Bild so mächtiger Ereignisse in lebendigem Zusammenhange zu entwerfen, wie die Geschichtschreiber von Kriegen und Schlachten und Völkerwanderungen entworfen haben, so würde die geistige Entwicklung des Menschengeschlechts auf klare Anschauungen zurückzuführen sein, und die Wege der Vorsehung würden deutlicher erkannt werden. Es würde nachzuweisen sein, daß der Geist der Völker durch das zerstörende Widerspiel der Naturkräfte tiefe Eindrücke erleidet, und daß in der allgemeinen Gesittung durch Niederlagen hervortretende Wendepunkte herbeigeführt werden. Denn alles was in dem Menschen liegt, Gutes und Böses, wird durch die Gegenwart großer Gefahr gesteigert, sein Inneres gerät in Aufruhr, wie bei dem Anblick eines jähen Abgrundes, – der Gedanke der Selbsterhaltung beherrscht die Gemüter, die Selbstverleugnung wird auf härtere Proben gestellt, und wo irgend Finsternis und Rohheit walten, da fliehen die geängsteten Sterblichen zu den Götzen ihres Aberglaubens, und göttliche wie menschliche Gesetze werden frevelhaft übertreten.

Ein so gewaltsamer Zustand bringt nach einem allgemeinen Naturgesetz Veränderung hervor, eine heilsame oder nachteilige, wie die Umstände sich gestalten, so daß die Völker entweder höheren sittlichen Wert erringen, oder tiefer versinken. Dies alles aber geschieht nach einem viel größeren Maßstabe, als durch den gewöhnlichen Wechsel von Krieg und Frieden, durch das Emporkommen oder den Fall der Reiche, weil die Naturkräfte selbst die Seuchen hervorbringen, und den menschlichen Willen unterjochen, der in den Kämpfen der Völker gewöhnlich allein hervortritt.

2. Die Krankheit.

DAS denkwürdigste Beispiel hiervon gibt eine große Seuche des vierzehnten Jahrhunderts, welche Asien, Europa und Afrika verheerte, und deren sich noch jetzt die Völker in düsteren Überlieferungen erinnern. Es war eine morgenländische Pest, kenntlich am Brandbeulen und Drüsengeschwülsten, die in keiner andern Fieberkrankheit vorkommen. Wegen dieser Brandbeulen und schwarzen Flecken auf der Haut, den Verkündern fauliger Entmischung, nannte man sie in Deutschland wie in den nordischen Reichen den schwarzen Tod, in Italien hieß sie das große Sterben.[1] Nur wenige Zeugnisse über ihre Zufälle und ihren Verlauf sind uns erhalten, aber sie reichen hin, um das Bild der Krankheit zu erhellen, und sie werden durch Übereinstimmung mit den Merkmalen desselben Übels in neuerer Zeit glaubwürdig.

---

[1] La Mortalega grande. Matth. de Griffonibus, bei Muratori, Script. rer. Italicar. T. XVIII. p. 167. D. – Andere nannten sie Anguinalgia. Andr. Gratiol. Discurso di peste, Venet. 1576. 4. – Schwedisch: Diger-döden. Loccenii Histor. Suecan. L.III. p. 104. – Dänisch: den sorte Dod. Pontan. Rer. danicar. Histor. L. VIII. p. 476. Amstelod. 1631. fol. – Isländisch: Svartur Daudi. Saabye, Tagebuch in Grönland. Einleit. XVIII. Mansa, de Epidemiis maxime momorabilibus, quae in Dania grassatae sunt. etc. Part. I. p. 12. Havniae, 1831. 8. – In Westphalen war der Name „de groete Doet" gebräuchlich. Meibom. a. u. a. O.

Der kaiserliche Schriftsteller Kantakuzenos,[2] dessen eigener Sohn Andronikus dieser Pest in Konstantinopel erlag, berichtet von großen Eiterbeulen an den Oberschenkeln und Armen der Kranken, die durch Erguß von übelriechender Jauche, wenn man sie öffnete, Erleichterung brachten. Damit sind offenbar die Bubonen, die untrüglichen Kennzeichen der morgenländischen Pest bezeichnet, denn er spricht außerdem noch von kleineren Beulen an den Armen und im Gesicht, wie an anderen Teilen des Körpers, und unterscheidet diese ganz deutlich von den Brandblattern, die nicht weniger von der Pest in allen ihren Formen hervorgebracht werden. Bei manchen brachen schwarze Stippchen[3] über den ganzen Körper hervor, entweder einzeln, oder zusammenhängend und verfließend. Diese Zufälle fanden sich nicht bei allen vereint, bei manchen reichte ein einziger hin, ihnen den Tod zu bringen, einige aber genasen mit allen behaftet wider Erwarten. Kopfzufälle waren häufig; viele Kranke wurden stumpfsinnig und verfielen in betäubenden Schlaf, auch verloren sie die Sprache durch Zungenlähmung, andere waren schlaflos und angstvoll. Schlund und Zunge wurden schwarz und wie von Blut unterlaufen, kein Getränk löschte den brennenden Durst, und so währte die Qual ohne Linderung bis zum Tode, den viele durch Verzweiflung beschleunigten. Die Ansteckung war augenscheinlich, denn die Pfleger ihrer Verwandten und Freunde erkrankten, und viele Häuser in der Hauptstadt starben bis auf den letzten Bewohner aus.

Bis hierher zeigte sich nur die gewöhnliche Beschaffenheit der morgenländischen Pest, es gesellten sich aber noch tiefere Leiden zu dieser Seuche, die zu anderer Zeit nicht vorgekommen sind. Die Werkzeuge des Atmens wurden von fauliger Entzündung ergriffen, ein heftiger Brustschmerz befiel die

---

[2] Joann. Cantacuzen. Historiar. L. IV. c. 8. Ed. Paris. p. 730. 5. Der Exkaiser hat zwar einige Stellen aus Thucydides abgeschrieben, wie Sprengel ganz richtig bemerkt (Beiträge zur Geschichte der Medicin. Bd. I. H. I. S. 73.), jedoch mehr der ästhetischen Rundung wegen. Seiner Glaubwürdigkeit geschieht hier durch kein Abbruch, denn seine Angaben stimmen zu den übrigen Nachrichten.

[3] Die Petechien, ein gewöhnlicher Pestausschlag.

Kranken, Blut wurde ausgehustet, und der Atem verbreitete einen verpestenden Geruch.

Im Abendlande wurde diese Erscheinung beim Ausbruch der Seuche vorherrschend.[4] Ein hitziges Fieber, von Blutauswurf begleitet, tötete in den ersten drei Tagen. Es scheint, daß Bubonen und Brandbeulen zuerst gar nicht vorkamen, sondern daß die Krankheit in der Gestalt des anthraxartigen Lungenübels die Zerstörung des Körpers vollendete, bevor noch die übrigen Zufälle sich entwickelten. So wütete die Seuche in Avignon volle sechs oder acht Wochen lang, und verursachte durch den verpesteten Atem der blutspeienden Kranken nah und fern eine so entsetzliche Ansteckung, daß selbst Eltern ihre erkrankten Kinder flohen und alle Bande des Blutes sich lösten. Denn die Nähe eines der Pest Verfallenen war sicherer Tod.[5] Nach dieser Zeit sah man Bubonen in den Achseln wie in den Weichen, und Brandbeulen über den ganzen Körper, aber nur erst gegen den siebenten Monat genasen einige Kranke mit gereiften Bubonen, wie in der gewöhnlichen, milderen Pest. So berichtet der mutvolle Guy von Chauliac, der die Ehre des Arztes darin suchte, der Gefahr Trotz zu bieten, der den Pestkranken wacker und rastlos beistand, und die Entschuldigung seiner arabistischen Genossen verschmähte, daß ärztliche Hilfe vergebens sei, und daß die Ansteckung zur Flucht berechtige. Zweimal sah er die Pest in Avignon, zuerst i. J. 1348 vom Januar bis zum August, dann zwölf Jahre später, im Herbst, wo sie von Deutschland zurückkehrte, und neun Monate lang Angst und Schrecken verbreitete. Das erste Mal wütete sie mehr unter den Armen, i. J. 1360 aber mehr unter den Reichen und Vornehmen, auch tötete sie jetzt eine Überzahl von Kindern, die sie früher verschont hatte, und nur wenige Weiber.

---

[4] Guidon. de Cauliaco Chirurgia. Tract. II. c. 5. p. 113. Ed. Lugdun. 1572.

[5] Et fuit tantae contagiositatis specialiter quae suit cum sputo sanguinis, quod non solum morando, sed etiam inspiciendo unus recipiebat ab alio: intantum quod gentes moriebantur sine servitoribus, et sepeliebantur sine sacerdotibus, pater non visitabat filium, nec filius patrem: charitas erat mortua, spes prostrata.

Ähnliches sah man in Ägypten[6]; auch hier war der Lungenbrand vorherrschend, und tötete mit brennender Hitze und Blutspeien rasch und unfehlbar; auch hier verbreitete der Hauch der Kranken die tödliche Ansteckung, und menschliche Hilfe war so vergeblich wie für die Nahenden verderbenbringend.

Boccaccio, der in Florenz, dem Sitze der wieder erwachten Wissenschaften, Augenzeuge unglaublicher Niederlagen war, beschreibt die Zufälle der Krankheit lebendiger, als seine nichtärztlichen Zeitgenossen.[7] Sie begann hier, nicht wie im Orient, mit Nasenbluten, dem sicheren Zeichen unvermeidlichen Todes, sondern es entstanden, bei Männern wie bei Frauen, zu Anfang Geschwülste in den Weichen und in den Achseln von verschiedenem Umfang, bis zur Größe eines Apfels oder eines Eies, welche das Volk Pestbeulen (Gavoccioli) nannte. Bald darauf erschienen ähnliche Geschwülste ohne Unterschied an allen Teilen des Körpers, und es zeigten sich schwarze oder blaue Flecke am Arm oder am Oberschenkel wie an allen anderen Stellen, entweder einzeln und groß, oder klein und dichtgedrängt. Und so wie die Pestbeulen zuerst als ein sicheres Todeszeichen angesehen wurden, so waren es diese Flecken für jeden, der sie bekam.[8] Kein ärztlicher Rat, noch die Kraft einer Arznei brachte Hilfe, sondern es starben fast alle innerhalb der ersten drei Tage, nach dem Erscheinen jener Zeichen, einige früher, andere später, und die meisten ohne alles Fieber[9] und andere Zufälle. Die Seuche aber griff um so wütender um sich, da sie sich von den Kranken den Gesunden mitteilte, wie das Feuer trockenen und fettigen Stoffen in seiner Nähe, und selbst das Berühren der Kleider und anderer Gegenstände, welche von den Verpesteten benutzt worden waren, die Krankheit zu übertragen schien. Nun wurden aber nicht nur Menschen von der Pest angesteckt, sondern auch Tiere erkrankten daran, und starben in kurzer Zeit, wenn sie Sachen von Erkrankten oder Verstorbenen berührt hatten. So sah Boccaccio mit eigenen Augen zwei Schweine auf den Lumpen eines an der Pest Verstorbenen nach

---

[6] Deguignes, Histoire générale des Huns, des Turcs, des Mogols etc. Tom. IV. Paris 1758. 4. p. 226.

[7] Decameron. Giorn. I. Introd.

[8] Schwarze Petechien werden von jeher in der Pest für tödlich gehalten.

[9] Eine in allen Pestepidemien gewöhnliche Erscheinung.

kurzem Herumwerfen tot zusammenstürzen, als hätten sie Gift bekommen. An anderen Orten starben Hunde, Katzen, Hühner und andere Tiere scharenweise durch Pestansteckung,[10] und es ist zu vermuten, daß auch andere Tierseuchen sich entwickelten, wenngleich die unkundigen Schriftsteller des vierzehnten Jahrhunderts hierüber schweigen.

In Deutschland wiederholten sich durchweg dieselben Erscheinungen, überall finden sich die untrüglichen Merkmale der morgenländischen Bubonenpest mit unabwendbarer Ansteckung, doch waren hier die Niederlagen bei weitem nicht so groß, wie in den übrigen Ländern Europas.[11] Nicht alle Urkunden tun von dem Blutspeien Meldung, der eigentümlichen Zugabe dieser mörderischen Seuche, doch ist hieraus auf keine erhebliche Milderung oder Veränderung der Krankheit zu schließen. Denn es ist hierbei nicht nur die Unvollständigkeit der Chroniken in Anschlag zu bringen, sondern es wird auch einzelnen Angaben durch andere vielfältig widersprochen. So steht den Chroniken von Straßburg, die nur von Beulen und Drüsen in den Achseln und Weichen berichten,[12] eine andere Angabe entgegen, wonach das tödliche Blutspeien in Deutschland vorgekommen ist,[13] diese wird aber dadurch verdächtig, daß der Berichterstatter den Tod der davon Befallenen bis zum sechsten und achten Tage hinausschiebt, während kein anderer Schriftsteller einen so langen Verlauf des Übels bestätigt, und selbst in Straßburg, wo eine Milderung der Pest noch am leichtesten angenommen werden könnte, weil i. J. 1349 nur 16.000 Menschen weggerafft wurden, doch die meisten

---

[10] Auger.de Biterris, Vitae Romanor. pontificum, bei Muratori Scriptor. rer. Italic. Vol. III. p. II. p. 556.

[11] Contin. altera Chronici Guillelmi de Nangis beid'Acher, Spicilegium sive Collectio veterum scriptorum etc. Ed. de la Barre, Tom. III. p. 110.

[12] Die lüte sturbent alle an bülen und an trüsen die sich erhubent under den armen und obenen an den beinen. – Jac. v. Königshoven, die älteste teutsche so wol allgemeine als insonderheit El-sassische und Strassburgische Chronicke. Strassburg. 1698. 4. Cap. 5. § 86. S. 301.

[13] Hainr. Rebdorff, Annales, bei Marq. Freher. Germa nicar. rerum Scriptores. Francof. 1624. fol. p. 439.

schon am dritten oder vierten Tage ihren Geist aufgaben.[14] In Österreich, und hier besonders in Wien, war die Seuche vollkommen so bösartig, wie nur irgendwo, so daß die Kranken, die rote Flecke und schwarze Beulen hatten, wie die mit Drüsen Behafteten gegen den dritten Tag starben,[15] und endlich zeigten sich an den Küsten der Nordsee wie in Westfalen plötzliche Todesfälle ohne weitere Entwicklung der Krankheit überaus häufig.[16]

Nach Frankreich kam die Pest südlich von Avignon her, und war hier verheerender, als in Deutschland, so daß an vielen Orten von zwanzig Einwohnern nur zwei überlebten. Viele wurden wie vom Blitz getroffen, und starben auf der Stelle, und zwar mehr Jugendkräftige, als Alte; mit Drüsen in den Achseln und Weichen brachten die Kranken kaum zwei oder drei Tage zu, und erschienen diese unheilbringenden Zeichen, so schlossen sie mit der Welt ab, und suchten nur noch Trost in dem Ablaß, den ihnen der Papst Clemens VI. in der Todesstunde verhieß.[17]

In England erschien das Überleben so wie in Avignon mit Blutspeien und mit derselben Tödlichkeit, so daß die Kranken, die mit diesem Zufall, oder auch mit Blutbrechen behaftet waren, entweder sogleich, oder in zwölf Stunden, oder höchstens in zwei Tagen dahinstarben.[18] Die Brandbeulen und Drüsen in den Weichen und Achseln erkannte man bald als Verkündiger der tödlichen Krankheit, und ohne Hoffnung waren die verloren, denen sie in großer Zahl über den ganzen Körper entstanden. Schnitt man die harten und trockenen Beulen auf, so entquoll ihnen spärlicher Eiter, doch wagte man dies erst zu Ende der Seuche, und rettete damit noch viele Kranke, indem man die Natur zur kritischen Ausscheidung nötigte. Jeder Ort, den die

---

[14] Königshoven, a. a. O.

[15] Anonym. Leobiens. Chron. L. VI., bei Hier. Pez, Scrip tor. rer. Austriac. Lips. 1721. fol. Tom. I. p. 970. Die genannten Zufälle heißen hier: rote sprinkel, swarcze erhubenn und druesz under den üchsen und ze den gemächten.

[16] Ubb. Emmii rer. Frisiacar. histor. L. XIV. p. 203. Lugd. Bat. 1616. fol.

[17] Guillelmus de Nangis a. a. O.

[18] Ant. Wood, Historia et antiquitates Universit. Oxoniens. 2. Voll. compreh. Oxon. 1764. fol. L. I. p. 172.

Kranken berührt hatten, ihr Atem, ihre Kleider verbreiteten die Ansteckung, und wie überall wurden Angehörige und Freunde, die keine Gefahr sehen wollten, oder sie heldenmütig verachteten, Opfer ihrer Teilnahme. Selbst die Augen der Kranken hielt man für Quellen fernwirkender Verpestung[19], sei es nun wegen ihres unheimlichen Glanzes oder der Entstellung, die sie in jeder Pest erleiden, oder einer uralten Vorstellung gemäß, die in dem Blick den Träger dämonischer Bezauberung erkennen wollte. Den Furchtsamen frommte nur selten die Flucht aus verpesteten Städten, denn der Keim des Übels haftete an ihnen, und sie erkrankten hilflos auf einsamen Landsitzen. So verbreitete sich die Seuche über England mit beispielloser Schnelligkeit, nachdem sie zuerst in der Grafschaft Dorset ausgebrochen war, von wo aus sie durch die Grafschaften Devon und Sommerset bis Bristol vordrang, und dann Glocester, Oxford und London erreichte. Wahrscheinlich wurden nur wenige Orte verschont, vielleicht gar keiner, denn die Jahrbücher der Zeitgenossen berichten, im ganzen Lande sei nur der zehnte Einwohner am Leben geblieben.[20]

Von England brachte ein Schiff die Ansteckung nach Bergen, der Hauptstadt von Norwegen, wo die Pest als dann in ihrer schrecklichsten Form mit Blutbrechen begann, und im ganzen Lande nur den dritten Teil aller Einwohner verschont ließ. Die Seefahrer fanden auf den Schiffen keine Freistätte, und oft sah man Fahrzeuge auf den Wellen treiben und stranden, deren Mannschaft bis auf den Letzten ausgestorben war.[21]

---

[19] Mezeray, Histoire de France, Paris, 1685. fol. T. II. p.418.

[20] Barnes, der nach den Jahrbüchern des vierzehnten Jahrhunderts ein lebendiges Bild der schwarzen Pest in England entworfen hat, bezeichnet die äußeren Pestzufälle mit folgenden Ausdrücken: Knobs or swellings in the groin or under the armpits, called kernels (Bubonen), biles (Pestbeulen), blains (Geschwüre), blisters (Blasen), pimples (Pusteln), wheals or plaguesores (Karbunkeln). The History of Edward III. Cambridge, 1688. fol. p. 432.

[21] Torfaeus, Historia rerum Norvegicarum. Hafn. 17.11. fol. L. IX. c. 8. p. 478. – Dieser Schriftsteller hat nach Pontanus geschrieben, (Rerum danicar. Historia. Amstelod. 1631. fol), der über die Pest in Dänemark nur das Allgemeine, und nichts von den Zufällen berichtet. L. VIII. p. 476.

In Polen erkrankten die Verpesteten mit Blutspeien und starben innerhalb weniger Tage in so großer Anzahl, daß, wie versichert wird, kaum der vierte Teil der Einwohner übrig blieb.[22]

In Rußland endlich erschien die Pest erst zwei Jahre später, als im südlichen Europa, und wiederum mit denselben Zufällen, wie überall. Russische Zeitgenossen haben aufgezeichnet, sie habe mit Frost, Hitze, stechendem Schmerz in den Schultern und im Rücken begonnen, sei von Blutspeien begleitet gewesen, und in zwei, höchstens drei Tagen tödlich geworden. Erst im Jahre 1360 werden Drüsen am Halse, in den Achseln und in den Weichen erwähnt, die bei anhaltender Fortdauer des Blutspeiens erschienen wären. Nach den Erfahrungen im westlichen Europa kann aber nicht angenommen werden, daß diese Erscheinungen sich nicht schon früher gezeigt haben sollten.[23]

So viel nach urkundlichen Quellen über die Natur des schwarzen Todes. Die mitgeteilten Beschreibungen enthalten mit wenigen unwesentlichen Ausnahmen alle Zufälle, die in neuerer Zeit in der morgenländischen Pest beobachtet worden sind. Hierüber kann kein Zweifel obwalten, die Tatsachen liegen klar vor Augen. Man erinnere sich aber wohl, daß diese gewaltige Krankheit nicht immer in derselben Gestalt erscheint, sondern daß sie bei unverändertem Wesen des Giftes, das sie hervorbringt, und von ihr so reichlich aus dem Körper des Kranken ausgeschieden wird, proteusartig wechselt, von der unscheinbarsten fieberlosen Brandblase, die erst nach einiger Dauer ihr Gift nach dem Innern entsendet, und dann erst Fieber und Bubonen hervorruft, bis zu den mörderischen Formen, wo anthraxartige Entzündungen edle Eingeweide befallen. In einer solchen Form zeigte sich die Pest des vierzehnten Jahrhunderts, denn das sie begleitende Brustleiden, welches in allen Ländern erschien, aus denen uns Nachrichten erhalten worden sind, kann nach aller Vergleichung mit ähnlichen und bekannten Zufällen für kein anderes genommen werden, als für den Lungenbrand der

---

[22] Dlugoss, s: Longini Histor. polonic. L. XII. Lips. 1711. fol. T. I. p. 1086.

[23] W. M. Richter, Geschichte der Medizin in Rußland. Moskwa, 1813. 8. S. 215. – Richter hat seine Nachrichten über den schwarzen Tod in Rußland handschriftlichen russischen Urkunden entnommen.

neuern Heilkunde,[24] eine Krankheit, die sich gegenwärtig nur einzeln entwickelt, und bei fauliger Entmischung der Säfte sich wahrscheinlich mit Blutflüssen aus den Lungengefäßen verbindet. Wie nun aber jeder Anthrax, sei er in der Haut, oder in inneren Teilen, den Ansteckungsstoff, der ihn hervorgebracht hat, in reicher Fülle ausbrütet, so mußte in dieser Pest der Atem des Kranken giftschwanger, und eben dadurch die Ansteckungskraft derselben wunderbar gesteigert werden, wonach die Annahme unverwerflich erscheint, daß bei zunehmender Zahl der Kranken nicht nur einzelne Zimmer und Häuser, sondern ganze Städte verpestet wurden, die überdies im Mittelalter, mit wenigen Ausnahmen, eng zusammengebaut, unrein gehalten und mit sumpfigen Gräben umzogen waren.[25] So konnte mithin den Furchtsamen die Flucht nicht frommen, denn hatten sie auch alle Gemeinschaft mit Kranken und Verdächtigen ängstlich vermieden, so waren ihre Kleider doch schon von verpesteter Luft durchzogen, und jeder Atemzug führte ihnen die Keime der mörderischen Krankheit zu, die in der großen Mehrzahl der Körper nur allzuleicht aufgehen. Hierzu kam die gewöhnliche Verbreitung der Pest durch Kleider und Betten und tausend andere Dinge, an denen das Pestgift haftet – eine Verbreitung, die sich bei mangelnder Aufsicht bis ins Unendliche vervielfältigen mußte, und weil Gegenstände dieser Art, dem Zutritt der Luft entzogen, den Ansteckungsstoff nicht nur auf eine unberechenbare Zeit aufbehalten, sondern auch seine Wirksamkeit steigern, und ihn wie ein lebendes Wesen wiedererzeugen, dem ersten Wüten der Seuche noch viele Jahre später furchtbare Nachwehen folgen ließ.

Das oft in unbestimmten Ausdrücken, und zuweilen als Blutbrechen erwähnte Magenleiden war ohne Zweifel nur eine untergeordnete Erscheinung, wenn es überhaupt feststeht, daß wirkliches Blutbrechen stattgefunden habe. Denn die Schwierigkeit, den Magenblutfluß von dem Blutspeien zu unterscheiden, ist für den

---

[24] Man vergleiche hierüber Ballings Abhandlung: „zur Diagnostik der Lungenerweichung." Bd. XVI. H. 3. S. 257. der litt. Annalen der ges. Heilkunde.

[25] Von Avignon und Paris wird ausdrücklich versichert, die Unreinheit der Straßen habe die Pest bedeutend vermehrt Raim. Chalin de Vinario, a. u. a. O.

Nichtarzt schon in gewöhnlichen Fällen nicht unbedeutend, wie sollte sie nicht viel größer gewesen sein in einer so entsetzlichen Krankheit, wo die Helfenden nicht nahen durften, ohne den sicheren Tod vor Augen zu haben? Nur zwei ärztliche Beschreibungen des Übels sind auf uns gekommen, die eine von dem heldenmütigen Guy von Chauliac, die andere von Raimund Chalin de Vinario, einem vielerfahrenen Gelehrten, der sich in der Denkweise seines Jahrhunderts überaus geistreich bewegte. Jener berichtet nur von tödlichem Bluthusten, dieser neben dem Bluthusten auch von Nasenbluten, Blutharnen und Darmblutflüssen, als Zufällen von so entschiedener und schneller Tödlichkeit, daß die Kranken, bei denen man sie beobachtet, schon an demselben oder dem folgenden Tage den Geist aufgegeben hätten.[26]

Daß das Blutbrechen nicht hier und da vorgekommen sei, vielleicht selbst an manchen Orten vorgewaltet habe, ist bei Erwägung des Wesens der Krankheit keineswegs in Abrede zu stellen, denn jede faulige Entmischung der Säfte begründet Neigung zu Blutungen aller Art; hier kommt es jedoch auf historische Gewißheit an, die nach jenen Zweifeln keineswegs feststeht. Wäre nicht dem Blutspeien ein so schleuniger Tod gefolgt, so würden wir gewiß noch von anderen Blutflüssen ausführlichere Nachricht erhalten haben, so jedoch war dem Übel keine Zeit vergönnt, seine Wirkungen auf die Gefäßenden weiter zu verbreiten. Nach ihrer ersten Wut aber ging die Seuche in die gewöhnliche fieberhafte Form der morgenländischen Pest über, es bildeten sich nicht mehr anthraxartige Entzündungen innerer Teile aus, und Blutflüsse

---

[26] De Peste Libri tres, opera Jacobi Dalechampii in lucem aediti. Lugduni, 1552. 16. p. 35. – Dalechamp hat an die sem Werke, einem der werthvollsten Denkmäler des vierzehnten Jahrhunderts, nur die Sprache gebessert, und nichts weiter hinzugefügt, als eine Vorrede in Form zweier Briefe. – Raimund Chalin de Vinario lebte zu gleicher Zeit mit Guy von Chauliac zu - Avignon, hochberühmt und in sehr glänzenden Verhältnissen. Oft spricht er von Kardinälen und vornehmen Beamten des päpstlichen Hofes, die er behandelt, es ist selbst wahrscheinlich, wenn auch nicht erwiesen, daß er Arzt Clemens VI. (1342–1352), Innocenz VI. (1352–1362) und Urban V. (1362–1370) gewesen sei. Er und Guy von Chauliac erwähnen einander nirgends.

wurden so unwesentliche Erscheinungen wie in jeder anderen fieberhaften Krankheit.

Chalin, der nicht nur das große Sterben von 1348 und die Pest von 1360, sondern auch die von 1373 und 1382 beobachtet hat, spricht außerdem noch von Halszufällen, und beschreibt die schwarzen Flecken der Pestkranken genügender als alle anderen Zeitgenossen. Jene kamen nur bei wenigen vor, und bestanden in anthraxartiger Entzündung des Schlundes mit erstickender Beschwerde beim Schlucken, wozu bei einigen noch Entzündung der Ohrspeicheldrüsen mit sehr entstellender Geschwulst hinzutrat. Kranke dieser Art waren zwar auch mit Blutspeien behaftet, doch starben sie gewöhnlich erst den sechsten, oder noch später, bis gegen den vierzehnten Tag.[27] Dasselbe Leiden ist bekanntlich auch in an deren Pestseuchen nicht ungewöhnlich, so wie die Blasen an verschiedenen Teilen der Oberfläche des Körpers, in deren Nähe, umgeben von mißfarbigen und schwarzen Striemen, Drüsen und Brandbeulen entstanden, die Merkmale der Aufnahme des Giftes. Man nannte die striemenförmigen Flecke mit bezeichnender Vergleichung den Gürtel, und hielt diese Erscheinung mit Recht für überaus gefährlich.[28]

---

[27] A. a. O. p. 205. – Ebendaselbst und p. 32. 36. werden die Pest-ausschläge mit den gewöhnlichen unbestimmten Ausdrücken er wähnt: Exanthemata viridia, caerulea, nigra, rubra, lata, diffusa, ve lut signata punctis etc.

[28] „Pestilentis morbi gravissimum symptoma est, quod zonam vulgo nuncupant. Easic fit: Pustulae nonnunquam per febres pestilentes fuscae, nigrae, lividae existunt, in partibus corporisa glandularum emissariis seiunctis, ut in femore, tibia, capite, brachio, humeris, quarum fervore et caliditate succi corporis attracti, glandulas in traiectione replent, et attollunt, unde bubones fiunt atque carbunculi. Ab iis tanquam solidus quidam nervus in partem vici nam distentam ac veluti convulsione rigentem produci tur, puta brachium vel tibiam, nunc rubens, nunc fuscus, nunc obscurior, nunc virens, nunc iridis colore, duos vel quatuor digitos latus. Huius summo, qua desinit in emis sarium, plerumque tuberculum pestilens visitur, altero vero extremo, qua in propinquum membrum porrigitur, carbunculus. Hoc scilicet malum vulgus zonam cinctumve nominat, periculosum minus, cum hic tuberculo, illic carbunculo terminatur, quam si tuberculum in ca pite solum emineat." p. 198.

3. Ursachen. Verbreitung.

DIE Untersuchung der Ursachen des schwarzen Todes bleibt für die Lehre von den Weltseuchen nicht ohne wichtige Ergebnisse, wenngleich sie nicht über das Allgemeine hinausgehen kann, ohne in ein durchaus unbekanntes und bis auf diese Stunde unbearbeitetes Gebiet zu geraten. Mächtige Umwälzungen in dem Erd-Organismus waren vorausgegangen, wir haben von ihnen noch sichere Kunde: Von China bis an den atlantischen Ozean bebte der Erdboden, in ganz Asien und Europa geriet der Luftkreis in Aufruhr, und gefährdete durch schädliche Einflüsse das Pflanzen- und Tierleben.

Die Reihe dieser großartigen Ereignisse begann schon im Jahre 1333, fünfzehn Jahre vor dem Ausbruch der Pest in Europa; ihr erster Schauplatz war China. Hier entstand zuerst in den von den Flüssen Kiang und Hoai durchströmten Länderstrichen eine versengende Dürre, begleitet von einer Hungersnot. Hierauf folgten in und um King-sai, der damaligen Hauptstadt des Reiches, so gewaltige Regengüsse, daß der Sage nach über 400.000 Menschen in den überflutenden Wassern umkamen. Endlich stürzte der Berg Tsincheou ein, und es entstanden große Erdrisse. Im folgenden Jahre (1334) wurde, mit Übergehung fabelhafter Überlieferungen, die Umgegend von Kanton von Überschwemmungen heimgesucht, während in Tche nach einer beispiellosen Dürre eine Pest entstand, die an fünf Millionen Menschen weggerafft haben soll. Wenige Monate darauf erfolgte in und um King-sai ein Erdbeben, und nach dem Einsturz des Gebirges Ki-ming-chan bildete sich ein See von mehr als hundert Stunden im Umfange, wobei wiederum Tausende ihr Grab fanden. In Hou-kouang und Honan währte eine Dürre fünf Monate lang, unabsehbare Heuschreckenschwärme verheerten die Felder, und Not und Seuchen blieben nicht aus. Zusammenhängende Nachrichten über den Zustand Europas vor der großen Katastrophe kann man vom vierzehnten Jahrhundert nicht erwarten, auffallend ist es aber, daß gleichzeitig mit einer Dürre und neuen Überschwemmungen in China im Jahre 1336 viele ungewöhnliche Lufterscheinungen und im Winter häufige Gewitter im nördlichen Frankreich beobachtet wurden, und daß schon in dem verhängnisvollen Jahre 1333 der Aetna einen

Ausbruch machte.[29] Nach chinesischen Jahrbüchern sollen 1337 in der Gegend von Kiang vier Millionen Menschen durch eine Hungersnot umgekommen sein, und Überschwemmungen, Heuschreckenschwärme und ein sechstägiges Erdbeben unglaubliche Verwüstungen bewirkt haben. In demselben Jahre erschienen in Franken die ersten Heuschreckenschwärme, denen in den nächsten Jahren unzählige folgten. 1338 wurde King-sai von einem zehntägigen Erdbeben heimgesucht – zu gleicher Zeit litt Frankreich durch eine Mißernte – und von jetzt an bis 1342 wechselten in China Überschwemmungen, Erdbeben und Hungersnot miteinander ab. Dasselbe Jahr zeichnete sich auch in den Rheingegenden und Frankreich durch große Überschwemmungen aus, die man nicht bloß dem Regen zuschreiben konnte; denn aller Orten, selbst auf den Gipfeln der Berge, sah man Quellen hervorrieseln, und trockene Gegenden wurden auf unerklärliche Weise unter Wasser gesetzt. Im folgenden Jahre stürzte in China der Berg Hongtchang zusammen, und es entstand danach eine zerstörende Wasserflut; auch folgten - auf einen dreimonatlichen Regen in Pien-tcheou und Leang-tcheou unerhörte Überschwemmungen, die sieben Städte verwüsteten. In Ägypten und Syrien entstanden gewaltige Erdbeben, und in China wurden diese von jetzt an immer häufiger, denn sie wiederholten sich 1344 in Ventcheou, wo in Folge davon das Meer übertrat, 1345 in Ki-tcheou, und in den beiden folgenden Jahren in Canton mit unterirdischem Donner. Dazwischen kamen wie der Überschwemmungen und Hungersnot hier und da vor, nach 1347 aber beruhigte sich in China das Toben der Elemente.[30]

Erst 1348 traten in Europa die Zeichen des tellurischen Aufruhrs ein, nachdem die zwischenliegenden Länderstriche Asiens wahrscheinlich auf gleiche Weise heimgesucht worden waren. Auf der Insel Zypern war die Pest von Osten her schon hereingebrochen, als ein Erdbeben die Grundfesten der Insel erschütterte, begleitet von einem so furchtbaren Orkan, daß die

---

[29] v. Hoff, Geschichte der natürlichen Veränderungen der Erdoberfläche. Bd. II. Gotha 1824. 8. S. 264. – Diesem Ausbruch folgten in diesem Jahrhundert keine späteren, weder vom Aetna noch vom Vesuv.
[30] Deguignes a. a. O. p. 226; nach chinesischen Quellen.

Einwohner, die ihre mohammedanischen Sklaven getötet hatten, um nicht von ihnen selbst unterjocht zu werden, in sinnlosem Schrecken hierhin und dorthin flohen. Das Meer flutete über, die Schiffe zerschellten an den Felsen, und wenige überlebten das wunderbare Ereignis, wodurch dies blühende Eiland einer Wüste gleich verödet wurde. Vor dem Erdbeben hatte ein verpestender Wind einen so giftigen Geruch verbreitet, daß viele Einwohner, davon überwältigt, zu Boden stürzten und in grausem Todeskampfe ihre Seele aushauchten.[31]

Diese Erscheinung ist eine der seltensten, die je wahrgenommen worden, dem nichts ist beständiger, als die Mischung des Luftmeers, – von keiner Seite hat die Natur das organische Leben sorgsamer gesichert; nie haben Naturforscher fremdartige Stoffe in der Atmosphäre auf gefunden, die, mit sinnlichen Merkmalen begabt und von Winden getragen, Krankheit erregend über ganze Weltteile, von Land zu Land sich verbreitet hätten, wie vom Jahr 1348 erzählt wird. Um so mehr haben wir zu bedauern, daß in dieser außerordentlichen Zeit, die bei tiefem Stande der Wissenschaften überaus arm an guten Beobachtern war, so wenig Zuverlässiges über jene ungewöhnlichen Vorgänge im Luftmeer aufgezeichnet worden ist. Doch sagen deutsche Nachrichten ausdrücklich, ein dicker, riechender Nebel sei von Osten herangezogen und habe sich über Italien verbreitet;[32] auch konnte man

---

[31] Ebend. p. 225.

[32] So waren auch viel Heuschrecken gewesen, die der Wind mit einem Sturm ins Meer geworfen, und darnach das Wasser wider tot ausgeschlagen hatte, davon ein böser fauler stanck entstanden, daher die Luft sehr vergiftet worden, und hat man klar am Himel gesehen, wie sich ein grausamer, zuvor ungewöhnlicher Nebel, von Morgen am Himmel hergezogen, und in Welschland niedergelassen. Mansfeldische Chronica, durch M. Cyriac. Spangenberg. Eisleben 1572. fol. Cap. 287. fol. 336 b. – Vergl. Staind. Chron. (?) bei Schnurrer: („In gens vapor magnitudine horribili boreali movens regionem, magno adspicientium terrore dilabitur."), und Ad. v. Lebenwaldt, Land- Stadt- und Hausarzneybuch, Nürnberg 1695. fol. S. 15., der von einem schwarzen, dicken Dampfe spricht, welcher auch die Erde bedeckte. Chalin drückt sich hierüber folgendermaßen aus: „Coelum ingravescit, aer impurus sentitur: nubes crassae ac multae luminibus coeli obstruunt, immundus ac ignavus

sich wohl über eine so handgreifliche Erscheinung nicht täuschen, – die Glaubwürdigkeit schlichter Überlieferungen, mögen sie auch physikalischer Forschung wenig genügen, kann bei Erwägung des Zusammenhanges der Ereignisse schwerlich in Zweifel gezogen werden. Denn gerade jetzt war das Erdbeben allgemeiner, als je in historischen Zeiten; an tausend Stellen öffneten sich Abgründe, aus denen schädliche Dünste emporstiegen, und wie denn natürliche Vorgänge ins Wunderbare verkehrt werden, so ging die Sage von einer feurigen Dunstkugel, die im fernen Osten sich zur Erde herabgesenkt, in einem Umkreis von mehr als hundert Stunden alles Lebende vernichtet und die Luft weit und breit verpestet habe.[33] Hierzu kamen die Folgen unzählbarer Überschwemmungen; große Flußgebiete waren in Sümpfe verwandelt worden, aller Orten erhoben sich faule Dünste, verstärkt durch den Geruch verwesender Heuschrecken, die vielleicht nie in dichteren Schwärmen die Sonne verfinstert hatten,[34] sowie zahlloser Leichen, die man selbst nicht in den wohlgeordneten Städten Europas dem Anblick der Lebenden rasch genug zu entziehen wußte. Es ist also wahrscheinlich, daß die Atmosphäre in großer Ausdehnung fremdartige, sinnlich erkennbare Beimischungen erhielt, die wenigstens in den niederen Regionen nicht zersetzt oder bis zur Unwirksamkeit zerteilt werden konnten. Wenden wir uns aber zurück zu den Zufällen der Krankheit, so beweist die brandige Lungenentzündung, daß die Werkzeuge des Atmens dem Angriffe eines atmosphärischen Giftes erlagen, eines Giftes, das – geben wir die selbständige Entwicklung der schwarzen Pest an irgendeiner Stelle des Erdkreises zu, an welcher unter so außerordentlichen Umständen schwerlich zu zweifeln sein möchte – die Wege des Kreislaufes so feindlich ergriff, wie nur irgend das

---

tepor hominum emollit corpora, exoriens sol pallescit." p. 50.

[33] Mezeray, Histoire de France. Tom. II. (Paris 1685. fol.) p. 418. Vergl. Oudeghe erst, Chroniques de Flandres. Anvers 1571. 4. Chap. 175. fol. 297 b.

[34] Sie verbreiteten sich über die meisten Länder, aus denen wir Nachrichten erhalten haben, in der Richtung von Osten nach Westen. Anonym. Leobiens. Chron. a. a. O.

Milzbrandgift und andere tierische Contagien, welche die Lymph-
drüsen zur Anschwellung und Entzündung bringen.

Verfolgen wir nun den Gang der großartigen Umwälzungen
weiter, so erhalten wir Kunde von einem Erdbeben ohne Beispiel,
das am 25. Januar 1348 Griechenland, Italien und die angrenzenden Länder erschütterte. Neapel, Rom, Pisa, Bologna, Padua,
Venedig und viele andere Städte litten bedeutend, ganze Ortschaften versanken, Burgen, Häuser und Kirchen stürzten zusammen, und Hunderte von Menschen wurden unter Trümmern
begraben.[35] In Kärnten fielen dreißig Ortschaften und alle Kirchen
zusammen, mehr als tausend Leichen wurden unter dem Schutt
hervorgezogen, die Stadt Villach wurde so von Grund aus zerstört,
daß nur wenige Einwohner sich retteten, und als der Boden
aufhörte zu schwanken, sah man Berge von ihrer Stelle gerückt
und viele Dörfer verschüttet.[36] Bei diesem Erdbeben soll der Wein
in den Fässern trübe geworden sein, eine Angabe, die den Beweis
stattgefundener entmischender Luftveränderungen darbietet;
hätten wir aber auch keine andere Nachricht, aus der die Anregung
widerstreitender Naturkräfte während dieser Erschütterungen
hervorgehen könnte, so ist in neuerer Zeit durch wissenschaftliche
Beobachtungen dargetan worden, daß das Verhältnis der Atmosphäre zum Erdkörper durch vulkanischen Einfluß sich ändert:
wie sollte hieraus nicht auf jene außerordentlichen Ereignisse
zurückgeschlossen werden können? Wir wissen aber noch
außerdem, daß während dieses Erdbebens, dessen Dauer von
einigen auf acht, von anderen selbst auf vierzehn Tage angegeben
wird, die Menschen eine ungewöhnliche Betäubung und Kopf-
schmerz empfanden, viele sogar ohnmächtig wurden.[37] Bis in die
Gegend von Basel er streckten sich die zerstörenden Erder-
schütterungen,[38] und sie wiederholten sich bis gegen 1360 in ganz
Deutschland, Frankreich, Schlesien, Polen, England und Däne-

---

[35] Giov. Villani, Istorie Fiorentine, L. XII. c. 121. 22; bei Muratori T.
XIII. p. 1001. 2. Vergl. Barnes a. a. O. p. 430.
[36] J. Vitoduran. Chronicon, bei Füssli, Thesaurus Histor. Helvet.
Tigur. 1735. fol. p. 84.
[37] Albert. Argentiniens. Chronic., bei Urstis Scriptor. rer. Germanic. Francof. 1585. fol. P. II. p. 147. – Vergl. Chalin a. a. O.
[38] Petrarch. Opera. Basil. 1554. fol. p. 210. – Barnes a. a. O. p. 431.

mark, und weiter hinauf im hohen Norden.[39] Große und seltene Meteore erschienen an vielen Orten, und wurden mit dem Grausen des Aberglaubens angestaunt; eine Feuersäule, die am 20. Dezember 1348 bei Sonnenaufgang eine Stunde lang über dem Palaste des Papstes in Avignon stand,[40] und eine Feuerkugel, die im August desselben Jahres bei Sonnenuntergang über Paris gesehen wurde, und sich vor ähnlichen Erscheinungen durch längere Dauer auszeichnete,[41] anderes nicht zu erwähnen, was die Chroniken dieses Jahrhunderts, vermischt mit wundersamen Sagen und Deutungen, darbieten.

Schon 1345 und früher begannen in Europa die Vorzeichen dieser Erschütterungen: die Ordnung der Jahreszeiten schien verändert, Regen, Überschwemmungen, Mißwuchs waren so allgemein, daß nur wenige Gegenden verschont blieben, und wenn ein Geschichtschreiber dieses Jahrhunderts versichert, es wäre Überfluß in den Scheunen und Vorratskammern gewesen,[42] so widerstreiten ihm einstimmig alle seine Zeitgenossen. Bald wurden die Folgen des Mißwuchses fühlbar, besonders in Italien und den angrenzenden Ländern, wo in dem genannten Jahre ein vier Monate anhaltender Regen die Saaten verdorben hatte. In den größeren Städten mußte man schon im Frühjahr 1347 zu Brotverteilungen unter die Armen schreiten, namentlich in Florenz, wo man große Bäckereien errichtete, aus denen im April täglich 94,000 Portionen Brot zu zwölf Unzen verabreicht wurden;[43] aber es liegt am Tage, daß die Menschenliebe die allgemeine Not nur hier und da zu lindern, ihr aber nicht ganz zu steuern vermochte. Krankheiten, die unabwendbaren Folgen der Hungersnot, brachen auf dem Lande wie in den Städten aus, Kinder starben vor Hunger

---

[39] „Un tremblement de terre universel, mesme en France et aux pays septentrionaux, renversoit lesvilles toutes entières, déraci noit les arbres et les montages, et remplissoit les campagnes d'abys mes si profondes, qu'il sembloit que l'enfer eüt voulu engloutir le genre humain" – Mezeray a. a. O. p. 418. – Barnes p. 431.

[40] Villani, a. a. O. c. 119. p. 1000.

[41] Guillelm. de Nangis, Cont. alt. Chron. a. a. O. p. 109.

[42] Ebend. p. 110.

[43] Villani, a. a. O. c. 72. p. 954.

in den Armen ihrer Mütter, Mangel, Elend, Verzweiflung waren allgemein in der ganzen Christenheit.[44]

Dies sind die Ereignisse vor dem Ausbruche der schwarzen Pest in Europa. Die Zeitgenossen haben sie nach ihrer Art gedeutet, und haben damit, wie unter ähnlichen Umständen ihre späten Nachkommen, den Beweis gegeben, daß den Sterblichen weder die Sinne noch hinreichende Geistesschärfe zu Gebote stehen, die Regungen des Erdorganismus in ihren Erscheinungen, geschweige denn in ihren Wirkungen wissenschaftlich zu erkennen. Der Aberglaube, die Selbstsucht in tausend Gestalten, der Dünkel der Schulen bemächtigen sich einzelner Wahrnehmungen; sie wähnen in dem Einzelnen das Ganze zu erfassen, und ahnen nicht den Weltgeist, der die Triebfedern alles Seins in innigem Verein mächtiger Naturkräfte belebt, und keine Erscheinung aus vereinzelten Ursachen entstehen läßt. Fünf Jahrhunderte nach jenem Zeitalter der Zerstörung die Ursachen eines kosmischen Aufruhrs, der in gleicher Ausdehnung nie wiedergekehrt ist, zu deuten, die Einflüsse wissenschaftlich zu bezeichnen, die in den Leibern der Menschen und Tiere ein so furchtbares Gift hervorriefen, geht über menschliche Einsicht. Vermögen wir selbst jetzt nicht, mit allen Hilfsmitteln einer vielseitigen Naturlehre, die Zustände der Atmosphäre anzugeben, durch welche Seuchen hervorgebracht werden, so dürfen wir um so weniger Rückschlüsse von dem neunzehnten auf das vierzehnte Jahrhundert versuchen; betrachten wir aber die Vorgänge in ihrer Allgemeinheit, so gibt uns dieses Jahrhundert gehaltvolle, für alle Zeiten hochwichtige Lehren. Deutlich offenbart sich in dem Fortschreiten zusammenhängender Naturwirkungen von Osten nach Westen jenes große Naturgesetz, das in dem Leben des Erdorganismus, wie in dem davon abhängigen Leben der Völker, schon oft und augenfällig hervorgetreten ist. Im innersten Schoße der Erde war im Jahre 1333 die Anregung gegeben, die in unablässiger Aufeinanderfolge sechsundzwanzig Jahre hindurch bis an die westlichen Meeresufer

---

[44] Anonym. Istorie Pistolesi, bei Muratori, T. XI. p. 524. „Ne gli anni di Chr. 1346 et 1347 fu grandissima carestia in tutta la christianità, in tanto che molta gente moria di fame e fue grande mortalità in ogni paese del mondo."

Europas die Erdoberfläche erschütterte. Gleich anfangs nahm der Luftkreis Teil an den tellurischen Erschütterungen: Atmosphärische Wasser überfluteten die Länder, oder versengender Brand ließ Pflanzen und Tiere verschmachten. Die Insektenwelt wurde wunderbar belebt, es schien, als sollte das Lebende die Zerstörung vollenden, welche die astralischen und tellurischen Kräfte begonnen hatten. So gewann dies grause Werk der Natur von Jahr zu Jahr größere Ausdehnung, es war eine fortschreitende Ansteckung der Zonen, die über und unter der Erde ihre mächtigen Schwingen regte, und schon in den ersten Jahren des tellurischen Aufruhrs in China, erkennbar an leichteren Vorbedeutungen, den ganzen Erdball durchzuckte.

Die Natur der ersten Seuchen in China ist unbekannt; wir haben erst sichere Kunde von der Krankheit, nachdem sie schon in die westlichen Länderstriche Asiens eingedrungen war. Hier zeigte sie sich als die morgenländische Pest mit Lungenbrand, als welche sie vielleicht auch in China begonnen haben mochte, d. h. als ein Übel, welches sich mehr als irgendein anderes durch Ansteckung verbreitet, eine Ansteckung, die in gewöhnlichen Pestseuchen die unmittelbare Berührung, und nur unter seltenen ungünstigen Umständen die bloße Nähe des Kranken erfordert. Gewiß war der Anteil dieser Ursache an der Verbreitung der Pest über den ganzen Erdkreis ein überaus wichtiger, und die Vermutung, der schwarze Tod hätte vom westlichen Europa durch gute Maßregeln, ähnlich den jetzt erprobten, abgehalten werden können, würde alle Gründe der neueren Erfahrung für sich haben, wenn irgend zu beweisen wäre, daß diese Seuche wirklich aus dem Orient hereingebracht worden sei, oder daß die morgenländische Pest überhaupt, so oft sie in Europa sich gezeigt, jedesmal in Asien oder Ägypten ihren Ursprung genommen habe. Ein solcher Beweis kann aber auf keine Weise überzeugend geführt werden, denn er würde durch die unmögliche Voraussetzung bedingt werden, daß entweder in den Kulturverhältnissen der europäischen Völker in den ältesten und in den neueren Zeiten kein wesentlicher Unterschied stattfinde, oder daß Schädlichkeiten, die nur erst der Entwilderung der menschlichen Gesellschaft und dem regelmäßigen Anbau der Länder gewichen sind, ehedem die Bubonenpest nicht unterhalten konnten. Die Pest war vielmehr in Europa, bevor noch Handel und gesellschaftlicher Verkehr die Völker vereinte;[45] es ist daher mit Grund zu vermuten, daß sie sich durch rohe Lebensweise und die Unkultur des Bodens selbständig entwickelt hat, Einflüsse, welche die Entstehung schwerer Krankheiten recht eigentlich begünstigen. Nun brauchen wir nicht einmal in die früheren Jahrhunderte zurückzugehen, denn das vierzehnte selbst zählte vor seiner Mitte bereits fünf oder sechs Pestseuchen.[46] Erwägen wir daher die Eigentümlichkeit der Pest, daß sie in den Ländern, die sie einmal heimgesucht hat, noch eine längere Zeit in milderen Formen fortdauert, und daß die epidemischen Einflüsse von 1342, wo sie sich zum letztenmale gezeigt hatte, bis 1348 ihrem stillen Fortwuchern überaus günstig waren, so ergibt sich die Annahme, daß auch in diesem verhängnisvollen Jahre Keime der Pest im südlichen Europa vorhanden waren, welche durch atmosphärische Schädlichkeiten geweckt werden konnten, daß also der schwarze Tod, wenigstens zum Teil, in Europa selbst entstanden sei. Die Verderbnis des Luftmeers kam von Osten, aber die Krankheit selbst kam nicht auf den Flügeln des Windes, sondern sie wurde von der Atmosphäre nur angeregt und vergrößert, wo sie schon vorhanden war.

Dieser Ursprung der schwarzen Pest war jedoch nicht der alleinige. Denn noch viel mächtiger als die Anregung schon vorhandener Pest durch atmosphärischen Einfluß wirkte die Ansteckung der Völker untereinander auf den großen Heerstraßen und in den Häfen des mittelländischen Meeres. Von China ging der Zug der Karawanen durch Mittelasien im Norden des kaspischen Meeres bis nach Taurien; hier harrten Schiffe, um die Erzeugnisse des Orients nach Konstantinopel zu bringen, der Hauptstadt des Handels und dem Mittelpunkt der Verbindung

---

[45] Nach Papon verliert sich ihre Entstehung in den Urzeiten, und vor der christlichen Zeitrechnung haben schon viele nachweisbare Pestepidemien stattgefunden. De la peste, ou époques mémorables de ce fléau, et les moyens de s'en préserver. T. II. Paris, an 8 de la rép. 8.

[46] 1301 im südlichen Frankreich, 1311 in Italien, 1316 in Italien, Burgund und im nördlichen Europa; 1335, dem Heuschreckenjahre, im mittleren Europa, 1340 in Oberitalien, 1342 in Frankreich, und 1347 in Marseille und auf den meisten großen Inseln des mittelländischen Meeres. Ebend. T. II. p. 273.

von Asien, Europa und Afrika.[47] Andere Züge gingen aus Indien nach Kleinasien, und berührten die Städte im Süden des kaspischen Meeres, und endlich von Bagdad aus über Arabien nach Ägypten; auch war die Schiffahrt auf dem roten Meere von Indien nach Arabien und Ägypten nicht unerheblich. In allen diesen Richtungen bahnte sich die Ansteckung ihre Wege, und ohne Zweifel sind Konstantinopel und die kleinasiatischen Häfen als die Herde der Verpestung anzusehen, von denen diese nach entfernten Hafenstädten und Inseln ausstrahlte. Nach Konstantinopel war die Pest von den Nordküsten des schwarzen Meeres gebracht worden,[48] nachdem sie bereits die Länder zwischen jenen Handelsstraßen entvölkert hatte, und schon 1347 zeigte sie sich in Zypern, Sizilien, Marseille und einigen Hafenstädten Italiens; die übrigen Inseln des mittelländischen Meeres, besonders Sardinien, Korsika und Mallorca, wurden eine nach der andern heimgesucht. An der ganzen Südküste Europas waren also Herde der Ansteckung bereits in voller Wirksamkeit, als die Seuche im Januar 1348 in Avignon[49] und in anderen südfranzösischen und norditalischen Städten, sowie in Spanien erschien. Die Tage ihres Ausbruchs in den einzelnen Ortschaften sind nicht mehr auszumitteln; aber gleichzeitig war dieser nicht, denn in Florenz erschien die Krankheit zu Anfang April,[50] in Cesena den 1. Juni,[51] und das ganze Jahr über wurde ein Ort nach dem andern ergriffen, so daß die Seuche, nachdem sie ganz Frankreich und Deutschland, wo sie jedoch erst im folgenden Jahre ihre größten Verheerungen machte, durchwandert hatte, erst im August in England ausbrach, wo sie denn auch nur so allmählich fortschritt, daß sie erst drei Monate später London erreichte.[52] Die nordischen Reiche wurden von ihr 1349, und zwar Schweden erst im November dieses Jahres, befallen, also

---

[47] Vergl. Deguignes a. a. O. p. 228.
[48] Nach der allgemeinen byzantinischen Bezeichnung „aus dem Lande der hyperboräischen Scythen." Kantakuzen. a. a. O.
[49] Guid. Cauliac. a. a. O.
[50] Matt. Villani, Istorie, bei Muratori, T. XIV. p. 14.
[51] Annal. Caesenat. Ebend. p. 1179.
[52] Barnes, a. a. O.

fast zwei Jahre nach ihrem Ausbruch in Avignon.[53] Polen erhielt die Seuche im Jahre 1349 wahrscheinlich aus Deutschland,[54] wo nicht aus den nordischen Ländern, in Rußland aber zeigte sie sich erst 1351, länger als drei Jahre nach ihrem Ausbruch in Konstantinopel. Anstatt von Taurien und vom kaspischen Meere nordwestlich vorzudringen, hatte sie also den großen Umweg vom schwarzen Meere über Konstantinopel, das südliche und mittlere Europa, England, die nordischen Reiche und Polen gemacht, bevor sie die moskowitischen Gauen erreichte, eine Erscheinung, die bei späteren, aus Asien stammenden Weltseuchen nicht wieder vorgekommen ist. Ob zwischen der vorhandenen, durch atmosphärische Einwirkung angeregten, und der durch Ansteckung hereingebrachten Pest Unterschiede stattgefunden haben, ist aus den Tatsachen nicht mehr zu ergründen; denn die Zeitgenossen, die überhaupt genaueren Untersuchungen dieser Art nicht gewachsen waren, haben darüber keine Angaben hinterlassen. Eine mildere und eine bösartigere Form war allerdings vorhanden, und jene hatte sich wohl nicht immer aus dieser herausgebildet, wie daraus zu vermuten ist, daß das Blutspeien, das untrügliche Merkmal der letzten, bei dem ersten Ausbruche der Seuche nicht gleichmäßig in allen Berichten erwähnt wird, und nun ist es wahrscheinlich, daß die mildere der einheimischen, die bösartige der durch Ansteckung hereingebrachten Pest angehöre. Die Ansteckung aber war an sich nur eine von den vielen Ursachen, welche die schwarze Pest hervorriefen; diese Krankheit war, wenn irgendeine, kosmischen Ursprungs, eine Folge mächtiger Regungen des Erdorganismus. Eine Triebfeder setzte zur Vernichtung lebender Wesen tausend andere in Bewegung, vergängliche oder nachhaltige, nah- oder fernwirkende; – die mächtigste von allen war die Ansteckung, denn in den fernsten Ländern, die kaum noch den Nachhall der ersten Erschütterung vernommen hatten, erlagen die Völker der organischen Vergiftung, der Ausgeburt in Aufruhr geratener Lebenskräfte.

---

[53] Olof Dalin's Svea-Rikes historie. III Bade. Stockholm 1747 – 61. 4. Bd. II. C. 12. S. 496.
[54] Dlugoss. Histor. Polon. L. IX. p. 1086. T.I. Lips. 1711. fol.

4. Menschenverlust.

DIE Verheerungen der schwarzen Pest zu beurteilen, haben wir keinen sicheren Maßstab, wenn Zahlenverhältnisse verlangt werden, wie in neueren Zeiten. Man versetze sich einen Augenblick zurück in das vierzehnte Jahrhundert. Die Völker waren noch wenig entwildert. Die Kirche hatte sie wohl gebändigt, aber sie litten alle an den Nachwehen ursprünglicher Rohheit. Die Herrschaft der Gesetze war noch nicht befestigt, noch überall hatten die Fürsten mächtige Feinde der inneren Ruhe und Sicherheit zu bekämpfen; die Städte waren Festungen zu eigener Notwehr, an den Wegen lagerten Raubritter, der Landmann war Lehnsknecht, ohne eigenen Besitz, Rohheit allgemein, Menschlichkeit noch nicht in der Sinnesart der Völker. Die Scheiterhaufen der Hexen und Ketzer loderten hoch auf, sanfte Herrscher erschienen schwach, überall wilde Leidenschaften, Härte, Grausamkeit; – Menschenleben hatte geringen Wert, die Staaten kümmerten sich nicht um die Zahl ihrer Untertanen, für deren Wohl zu sorgen ihnen oblag. Das erste Erfordernis also, um den Menschenverlust zu ermessen, die Kenntnis der Volkszahl, geht uns durchaus ab, und nun sind wiederum die überlieferten Angaben dieses Verlustes so ungenau, daß auch von dieser Seite nur Raum bleibt, für ungefähre Vermutungen.

Kairo verlor während der größten Wut der Seuche täglich 10 bis 15.000 Menschen, so viel als hier in neuerer Zeit große Pesten im Ganzen weggerafft haben. In China sollen über dreizehn Millionen gestorben sein, und dem entsprechen die gewiß übertriebenen Berichte aus dem übrigen Asien. Indien wurde entvölkert, die Tartarei, das tartarische Reich Kaptschak, Mesopotamien, Syrien, Armenien waren mit Leichen bedeckt, die Kurden flohen, ohne Rettung zu finden, in die Berge, Caramanien und Cäsarea starben aus; an den Wegen, auf den Lagerplätzen, in den Karawanserais sah man nur unbeerdigte Tote, und nur einige Städte (arabische Geschichtschreiber nennen Maara el nooman, Schisur und Harem) blieben auf unerklärbäre Weise frei. In Aleppo starben täglich 500, in Gaza innerhalb sechs Wochen 22.000 Menschen und die meisten Tiere; Cypern verlor fast alle seine Einwohner,[55] und oft sah man im mittelländischen Meere, wie später in der Nordsee, Schiffe ohne Lenker umhertreiben, die die Pest verbreiteten, wo sie auf den Strand gerieten.[56] Dem Papste Clemens in Avignon wurde berichtet, im ganzen Orient, wahrscheinlich mit Ausnahme von China, wären 23,840.000 Menschen von der Pest weggerafft worden.[57] Die Genauigkeit dieser Angabe könnte Verdacht erregen, wenn man sich der Begebenheiten des vierzehnten und fünfzehnten Jahrhunderts erinnert. Wie hätten so große Kriege geführt, so gewaltige Anstrengungen unternommen, das griechische Kaisertum nur hundert Jahre später gestürzt werden können, wenn die Völker wirklich so ganz aufgerieben gewesen wären? Aber die Erfahrung, daß die Paläste der Fürsten den Seuchen weniger zugänglich sind, und daß an wichtigen Orten die Einwanderung aus verschonteren Gegenden selbst die größten Verluste bald ersetzt, macht diese Nachricht glaublich; sie erinnert uns auch, daß mit den toten Zahlen ohne eindringende Kenntnis des Wesens der menschlichen Gesellschaft nicht eben viel getan ist. Wir wollen uns darauf beschränken, einige der zuverlässigeren Nachrichten aus europäischen Städten aufzuführen:

In Florenz starben an der schwarzen Pest: 60.000 [58]
In Venedig: . . . . 100.000 [59]
In Marseille in einem Monat: . . . . 16.000 [60]
In Siena: . . . . 70.000 [61]
In Paris: . . . . 50.000 [62]

---

[55] Deguignes a. a. O. p. 223 f.

[56] Matt. Villani, Istorie, a. a. O. p. 13.

[57] Knighton, bei Barnes, a. a, O. p. 434.

[58] Jo. Trithem. Annal. Hirsaugiens. (Monast. St. Gall. Hirsaug. 1690. fol.) T. II. p. 296. – Nach Boccaccio a. a. O. 100,000; nach Matt. Villani a. a. O. p. 14. 3 von 5.

[59] Odoric. Raynald. Annal. ecclesiastic. Colon. Agripp. 1691. fol. Vol. XVI. p. 280.

[60] Vitoduran. Chronic. bei Füssli a. a. O.

[61] Tromby, Storia de S. Brunone e dell' ordine Cartusiano. Vol. VI. L. VIII. p. 235. Napol. 1777. fol.

[62] Barnes, p. 435.

In St. Denys: . . . . 14.000 [63]
In Avignon: . . . . 60.000 [64]
In Straßburg: . . . . 16.000 [65]

In Lübeck starben an der schwarzen Pest: 9.000 [66]
In Basel 14.000
In Erfurt wenigstens 16.000
In Weimar . . . . 5.000 [67]
In Limburg . . . . 2.500 [68]
In London wenigstens . . . . .100.000 [69]
In Norwich . . . . 60.000 [70]

---

[63] Ebend.

[64] Baluz. Vitae Papar. Avenionens. Paris 1693. 4. Vol. I. p. 316. – Nach Rebdorf, bei Freher a. a. O, in der schlimmsten Zeit täglich 500.

[65] Königshoven a. a. O.

[66] Nach Reimar Kork von Pfingsten bis Michaelis 1350, 80 bis 90,000, worunter 11 Ratsmitglieder und der Bischof Johann IV. Siehe: Joh. Rud. Becker, Umständliche Geschichte der Kais. und des H. R. R. freien Stadt Lübeck. Lübeck 1782, 84, 1805. 3 Bde. 4. Bd. I. S. 269. 71. Wiewohl Lübeck damals in seiner größten Blüte war, so erscheint diese Angabe, mit der die von Paul Lange übereinstimmt, doch übertrieben. (Chronic. Citizense, bei J. Pistorius, Rerum Germanic. Scriptores aliquot insignes, cur. Struve. Ratisb. 1626. fol. p. 1214.) Wir haben daher die geringere eines Ungenannten: Chronic. Sclavic. bei Erpold. Lindenbrog, Scriptores rerum Germanic. septentrional. vicinorumque populor. diversi, Francof. 1630. fol: p. 225., und Spangenbergs a. a. O. gewählt, mit der nur wieder die Versicherung beider Schriftsteller, es wären am 10. August 1350 15 oder 1700 (nach Becker 2500) Menschen gestorben, nicht übereinstimmt. – Vergl. Chronik des Franziskaner Lesemeisters Detmar, nach der Urschrift und mit Ergänzungen aus anderen Chroniken herausgeg. von F. H. Grautoff. Hamburg 1829. 30. 8. Th. I. p. 269. Anhang: p. 471.

[67] Förstemann, Versuch einer Geschichte der christlichen Geißlergesellschaften, in Stäudlin's u. Tzschirner's Archiv für alte und neue Kirchengeschichte. Bd. III. 1817.

[68] Limburger Chronik, herausg. von C. D. Vogel. Marburg 1828. 8. S. 14.

[69] Barnes a. a. O.

Hierzu kamen:

Barfüßer Mönche in Deutschland . . . . 124.434 [71]
Minoriten in Italien . . . . 30.000 [72]

Dieses kurze Verzeichnis könnte durch mühsame und unsichere Berechnung anderweitiger Angaben noch leicht vervielfältigt werden, würde aber doch niemals ein anschauliches Bild der geschehenen Verheerungen gewähren. Lübeck – damals das nordische Venedig – das die zuströmende Volksmenge nicht mehr fassen konnte, geriet bei dem Ausbruch der Pest in so große Verwirrung, daß seine Bürger wie im Wahnsinne von dem Leben Abschied nahmen. Kaufleute, denen Erwerb und Besitz über alles ging, entsagten kalt und willig ihren irdischen Gütern. Sie trugen ihre Schätze in die Klöster und Kirchen, um sich ihrer auf den Stufen der Altäre zu entledigen; aber für die Mönche hatte das Gold keinen Reiz, denn es brachte den Tod. Sie schlossen die Pforten – doch warf man es ihnen noch über die Klostermauern; man wollte kein Hindernis an dem letzten frommen Werke, zu dem die stumme Verzweiflung geraten. Als die Seuche vorüber war, glaubte man nur noch unter Leichen zu wandeln, denn alle Überlebenden waren von widriger Totenfarbe entstellt, in Folge ausgestandener Angst und unabwendbarer Verpestung der Luft.[73] Einen ähnlichen Anblick mögen viele andere Städte gewährt haben, und es ist ausgemacht, daß eine große Anzahl Flecken und Dörfer, die man nicht zu hoch auf 200,000 angibt,[74] aller ihrer Einwohner beraubt worden sind. In Frankreich blieben an vielen Orten von zwanzig Einwohnern nur zwei am Leben,[75] und die Hauptstadt fühlte die Wut der Seuche in den Wohnungen der Armen wie in den Palästen. Zwei Königinnen,[76] ein Bischof[77] und andere Vornehme

---

[70] Ebend.

[71] Spangenberg, fol. 339 a. „Grawsam Sterben vieler faulen Tropfen."

[72] Vitoduran. a. a. O.

[73] Becker, a. a. O.

[74] Hainr. Rebdorf, a. a. O. p. 630.

[75] Guillelm. de Nang. a. a. O.

[76] Johanna, Königin von Navarra, Tochter Ludwigs X., und Johanna von Burgund, Gemahlin des Königs Philipp von Valois.

[77] Fulco von Chanac.

in großer Anzahl wurden als ihre Opfer betrauert, über fünf-
hundert starben täglich im Hôtel-Dieu, unter der treuen Pflege
barmherziger Schwestern, deren entsagender Mut unter den
schönsten Zügen menschlicher Tugend in diesem grauenvollen
Jahrhundert hervorleuchtet. Denn obwohl sie der sichtlichen
Ansteckung erlagen, und ihre Schar sich mehrmals erneuerte, so
fehlte es doch nie an Neueintretenden, denen unchristliche Todes-
furcht fremd und fromme Hingebung heiliger Beruf war. Bald
waren die Kirchhöfe überfüllt, und nicht wenige verödete Häuser
verfielen in Trümmer.[78] In Avignon sah der Papst sich genötigt,
die Rhone zu weihen, damit die Leichen ohne Aufschub hineingeworfen werden konnten, als die Kirchhöfe nicht mehr aus-
reichten,[79] wie denn in allen volkreichen Städten ungewöhnliche
Maßregeln ergriffen wurden, um sich der Toten schnell zu
entledigen. In Wien, wo eine Zeitlang täglich an 1200 Einwohner
starben,[80] wurde die Bestattung der Leichen auf den Kirchhöfen
und innerhalb der Kirchen sofort untersagt, und nun reihte man
die Toten schichtweise zu Tausenden in sechs große Gruben
außerhalb der Stadt,[81] wie dies schon in Kairo und Paris geschehen
war. Doch wurden noch viele heimlich begraben, denn zu allen
Zeiten hängt das Volk an der geweihten Ruhestätte seiner Toten,
und mag sich die hergebrachte Weise der Bestattung nicht nehmen
lassen. Gerüchte verbreiteten sich an vielen Orten, man habe
Pestkranke lebendig begraben,[82] wie dies geschieht bei sinnlosem

---

[78] Mich. Felibien, Histoire de la ville de Paris. Liv. XII. Vol. 2. p. 601.
Paris 1725. fol. – Vergl. Guillelm. de Nangis a. a. O., und Daniel,
Histoire de France. T. II. p. 484. Amsterd. 1720. 4.
[79] Torfaeus, a. a. O.
[80] Nach einer andern Nachricht 960. Chronic. Salisburg bei Pez, a. a. O.
T. I. p. 412.
[81] Nach einem ungenannten Chronikenschreiber sollen in jede dieser
Gruben 40,000 gekommen sein, worunter wohl nur eine beliebige runde
Summe zu verstehen ist. Anonym. Leobiens. bei Pez, p. 970. Nach
demselben starben in manchen Häusern über 70, viele verödeten ganz,
und allein zu St. Stephan wurden 54 Geistliche weggerafft.
[82] Auger. de Biterris, bei Muratori, Vol. III. P. II. p 556. – Von
Paderborn versichert dies Gobelin. Person. bei Henr. Meibom, Rer.
Germanic. Scriptt. T. I. p. 286 Helmstad. 1688. fol.

Schreck und unziemlicher Eilfertigkeit, und so stieg allenthalben das Entsetzen unter dem geängsteten Volke. In Erfurt wurden, nach Überfüllung der Kirchhöfe, 12.000 Leichen in 11 große Gruben geworfen, und Ähnliches könnte mehr oder minder genau von allen größeren Städten berichtet werden;[83] feierliche Leichenbestattung, der letzte Trost der Hinterbliebenen, war aller Orten unausführbar. In ganz Deutschland sollen, nach wahrscheinlicher Berechnung, doch nur 1.241.434 Einwohner gestorben sein;[84] dies Land blieb indessen mehr verschont, als die übrigen. Italien aber wurde am härtesten betroffen, man sagt, es habe die Hälfte seiner Einwohner verloren,[85] und diese Angabe ist glaubwürdig bei den ungeheuren Verlusten der einzelnen Städte und Landschaften. Denn in Sardinien und Korsika blieb nach dem Berichte des trefflichen Florentiners Johann Villani, den die schwarze Pest selbst abforderte, kaum der dritte Teil der Volksmenge am Leben,[86] und von den Venezianern wird erzählt, sie hätten zu hohen Preisen Schiffe gemietet, um nach den Inseln zu entfliehen, so daß die stolze Stadt, nachdem die Pest drei Viertel ihrer Einwohner weggerafft, öde und menschenleer geworden.[87] In Padua fehlten nach dem Aufhören der Seuche zwei Drittel der Einwohner, und in Florenz erging ein Verbot, die Zahl der Verstorbenen bekannt zu machen, und sie mit Grabgeläute zu bestatten, damit die Lebenden sich nicht der Verzweiflung hingäben.[88]

Von England haben wir genauere Nachrichten. Die meisten großen Städte erlitten unglaubliche Verluste, vor allen Yarmouth, wo 7052 Einwohner starben, Bristol, Oxford, Norwich, Leicester, York und London, wo allein auf einem Begräbnisplatze über 50.000 Leichen, schichtweise in große Gruben eingereiht, beerdigt

---

[83] Spangenberg a. a. O. Kap. 287. sol. 337 b.

[84] Barnes, p. 435.

[85] Trithem. Annal. Hirsaug. a. a. O.

[86] A. a. O. L. XII. c. 99. p. 977.

[87] Chronic. Claustro-Neoburg., bei Pez, Vol. I. p. 490. – Vergl. Barnes, p. 435. – Raynald, Histor ecclesiastic. a. a. O. Ein entflohener Venezianer soll hiernach die Pest nach Padua gebracht haben.

[88] Giov. Villani L. XII. c 83. p. 964.

wurden.[89] Man sagt, es sei im ganzen Lande kaum der Zehnte am Leben geblieben,[90] doch ist diese Angabe offenbar zu hoch; schon geringere Verluste konnten die Erschütterungen hervorbringen, deren Folgen in einer nachteiligen Richtung des bürgerlichen Lebens noch einige Jahrhunderte fühlbar blieben, und ihren mittelbaren Einfluß, den Engländern unbewußt, vielleicht bis in die neuere Zeit fortgepflanzt haben. Durchweg verschlechterten sich die Sitten, der Gottesdienst wurde großenteils eingestellt, denn an vielen Orten verödeten die Kirchen, ihrer Priester beraubt; der Volksunterricht wurde gelähmt,[91] die Habsucht nahm zu, und als die Ruhe wiedergekehrt war, erstaunte man über die große Zunahme von Rechtsanwälten, denen die endlosen Erbstreitigkeiten reichlichen Erwerb darboten. Dabei wirkte der Mangel an Priestern im ganzen Lande überaus nachtheilig auf das Volk, dessen niedere Stände den Verheerungen der Seuche am meisten bloßgestellt waren, während die Häuser der Lords verhältnismäßig mehr verschont blieben, und es konnte nicht frommen, daß ganze Scharen unwissender Laien, die während der Pest ihre Frauen verloren, sich in die geistlichen Orden drängten, um an dem Ansehen des Priesterstandes und den reichen Erbschaften Teil zu nehmen, die der Kirche von allen Seiten zugefallen waren. Die Sitzungen des Parlaments, der Kings-Bench und der meisten anderen Gerichte wurden, so lange die Pest wütete, ausgesetzt: die Gesetze des Friedens galten nicht während der Herrschaft des Todes. Diesen Zustand der Auflösung benutzte der Papst Clemens, um den blutigen Hader zwischen Eduard III. und Philipp VI. zu schlichten, doch gelang ihm dies nur für die Zeit, als die Pest Frieden gebot, der Tod Philipps (1350) vernichtete alle Verträge, und man erzählt, daß Eduard zwar mit anderen Söldlingen, aber mit denselben Heerführern und Rittern wieder ins Feld gezogen sei. Irland wurde viel weniger als England heim-

---

[89] Barnes, p. 436.
[90] Wood, a. a. O.
[91] Nach Wood zählte Oxford vor der Pest 13.000 Studierende, eine Zahl, die einen ungefähren Maßstab der Kultur in England geben kann, wenn man erwägt, daß die Hochschulen des Mittelalters auch von den jüngeren Scholaren bezogen wurden, die in neuerer Zeit die Gymnasien nicht vor dem achtzehnten Jahre verlassen.

gesucht; die Gebirgsgegenden dieses Reiches soll die Pest kaum berührt haben; und auch Schottland würde vielleicht frei geblieben sein, wenn nicht die Schotten die Niederlage der Engländer zu einem Einfall in ihr Gebiet benutzt hätten, der damit endete, daß ihr Heer von der Seuche und vom Schwert aufgerieben wurde, und die Entkommenen die Pest über das ganze Land verbreiteten.

Zu Anfang war in England Überfluß an allen Lebensbedürfnissen, aber bald gesellte sich zu der Pest, die das einzige Übel zu sein schien, eine mörderische Viehseuche. Zu Tausenden fielen die Tiere, die ohne Hüter umherirrten, an den Hecken und Zäunen, und wie man ähnliches in Afrika gesehen, so sollen auch hier die Vögel und Raubtiere sie nicht angerührt haben. Von welcher Art diese Seuche gewesen, kann ebensowenig bestimmt werden, als ob sie durch Ansteckung von Pestkranken oder aus anderen Ursachen entstanden sei; nur so viel ist gewiß, daß sie erst nach dem Anfang der schwarzen Pest ausbrach. In Folge dieser Viehseuche, und weil das Getreide von den Feldern nicht eingebracht werden konnte, entstand überall große Teuerung, die vielen unerklärlich schien, weil die Ernte gesegnet war, von anderen dem bösen Willen der Arbeiter und Verkäufer beigemessen wurde, jedoch in wirklichem, durch die Umstände bedingten Mangel ihren Grund hatte, aus dem jederzeit einzelne Klassen Vorteil zu ziehen pflegen. Ein ganzes Jahr lang, bis zum August 1349, hauste die schwarze Pest in diesem schönen Lande, und vergiftete überall die Quellen des behaglichen Wohlergehens.[92] In anderen Ländern war sie gewöhnlich nur von halbjähriger Dauer, doch kehrte sie an einzelnen Orten häufig wieder, worin einige, ohne genügenden Beweis, einen siebenjährigen Umlauf annehmen wollten.[93]

Spanien wurde von der schwarzen Pest bis über das Jahr 1350 hinaus unablässig verheert, wozu die häufigen inneren Fehden und die Kriege mit den Mauren nicht wenig beitrugen. Alphons XI., den sein kriegerischer Eifer zu weit fortriß, starb an ihr bei der Belagerung von Gibraltar, den 26. März 1350 – der einzige König in Europa, den sie abforderte; aber schon vor dieser Zeit waren

---

[92] Barnes und Wood, a. d. a. O.
[93] Gobelin. Person, bei Meibou, a. a. O.

zahllose Familien in Trauer versenkt worden.[94] Im Übrigen scheint die Sterblichkeit in Spanien geringer als in Italien, und eben so bedeutend als in Frankreich gewesen zu sein.

Der Zeitraum des verderblichen Wütens der schwarzen Pest fiel für ganz Europa, mit Ausnahme von Rußland, auf die vier Jahre von 1347 bis 1350. Die Seuchen, die späterhin, bis 1383 [95] oftmals wiederkehrend die Völker heimsuchten, zählen wir nicht mehr zu dem „großen Sterben," sondern es waren gewöhnliche Pesten, ohne Lungenbrand, wie in der Vorzeit und in den nächsten Jahrhunderten, hervorgerufen durch überall verhaltenen Ansteckungsstoff, der bei jeder günstigen Gelegenheit neuen Boden gewinnen konnte, wie dies zu geschehen pflegt bei dieser furchtbaren Krankheit. Das Zusammenströmen großer Menschenmassen war besonders gefährlich, und so bewirkte denn, noch während der großen Epidemie, die vorzeitige Feier des Jubeljahres (1350), zu welcher Clemens VI. die Gläubigen nach Rom beschied, einen neuen Ausbruch der Seuche, der von hundert Pilgern kaum einer entgangen sein soll.[96] Italien wurde dadurch aufs Neue entvölkert, und die Rückkehrenden verbreiteten Gift und Sittenverderbnis wiederum nach allen Richtungen.[97] Es leuchtet um so weniger ein, wie jener sonst so weise und besonnene Papst, der sich unter den schwierigsten Verhältnissen auf dem Wege der Vernunft und Menschlichkeit zu halten wußte, zu einer so verderblichen Anordnung gekommen, da er selbst von der Heilsamkeit der Sperre so überzeugt war, daß er während der Pest in Avignon bei beständig unterhaltenem Kaminfeuer keinem Sterblichen ihm zu nahen erlaubte,[98] und auch im Übrigen nur Befehle gab, die vieles Elend verhüteten, oder linderten.

---

[94] Juan de Mariana, Historia general de España; illustr p. Don José Sabau y Blanco. Tom. IX. Madrid 1819. 8. Libr. XVI. p. 225. – D. Diego Ortiz de Zúñiga, Anales ecclesiasticos y seculares de Sevilla. Madrid 1795. 4. Tom II. p. 121. – D. Juan de Ferreras, Historia de España. Madrid 1721. Tom. VII. p. 353.

[95] Gobel. Person a. a. O. Vergl. Chalin p. 53.

[96] Guillelm. de Nangis a. a. O.

[97] Spangenberg, fol. 337 b. – Limburger Chronik S. 20. „Und die auch von Rom kamen, wurden eines Teils böser, als sie vor gewesen waren."

[98] Guill. de Nangis a. a. O. und bei vielen anderen.

Die Veränderungen, die um diese Zeit im hohen Norden vorgingen, sind denkwürdig genug, um hei ihnen einige Augenblicke zu verweilen. In Schweden starben zwei Prinzen, Hakan und Knut, Halbbrüder des Königs Magnus, und in Westgotland allein 466 Priester.[99] Die Bewohner von Island und Grönland fanden in der Kälte ihres unwirtbaren Himmelsstriches keinen Schutz gegen den südlichen Feind, der aus glücklicheren Ländern zu ihnen gedrungen war; die Pest hauste weidlich unter ihnen, die Natur brachte ihre beständigen Kämpfe gegen die Elemente und den ihnen so kärglich zu gemessenen Lebensgenuß, nicht zu ihren Gunsten in Anschlag.[100] In Dänemark und Norwegen aber war man mit dem eigenen Elend so beschäftigt, daß die gewöhnlichen Grönlandsfahrten unterblieben. Zugleich türmten sich Eisberge an den Küsten von Ostgrönland, – in Folge der allgemeinen Erschütterungen des Erdorganismus, – und kein Sterblicher hat fortan diese Gestade und ihre Bewohner je wieder gesehen.[101]

Daß in Rußland die schwarze Pest erst 1351 ausbrach, nachdem sie den Süden und Norden Europas bereits durchwandert hatte, ist oben bemerkt worden. Auch in diesem Lande war die Sterblichkeit außerordentlich groß, und es wiederholten sich dieselben Szenen der Trauer und Verzweiflung, wie bei den Völkern, die nun schon das Schlimmste überstanden hatten: dieselbe Art der Totenbestattung, dieselbe grauenvolle Gewißheit des Todes, dieselbe dumpfe Erstarrung der Gemüter. Reiche entsagten ihren Schätzen, und schenkten ihre Dörfer und Ländereien den Kirchen und Klöstern, denn dies war nach den Vorstellungen des Zeitalters das sicherste Mittel, der Gnade des Himmels teilhaftig und der Vergebung begangener Sünden gewiß zu werden. Auch in Rußland brachte Furcht und Grauen die Stimme der Natur zum

---

[99] Dalin's Svea Rikes Historie, Bd. II. C. 12. p. 496.

[100] Saabye, Tagebuch in Grönland. Einleit. XVIII. – Torfaei Histor. Norveg. Tom. IV. L. IX. c. 8. p. 478, 79. – F. G. Mansa, De epidemiis maxime memorabilibus quae in Dania grassa tae sunt, et de medicinae statu. Partic. I. Havn. 1831. 8 p. 12.

[101] Torfaei Groenlandia antiqua, s. veteris Groenlandiae de scriptio. Havniae, 1715. 8. p. 23. – Pontan. Rer. danicar. Histor. Amstelod. 1631. fol. L. VII. p. 476.

Schweigen: Väter und Mütter verließen ihre Kinder, und Kinder ihre Eltern in der Stunde der Gefahr.[102]

Von allen Annahmen über die Größe des Menschenverlustes in Europa ist die wahrscheinlichste, daß im Ganzen der vierte Teil der Einwohner von der schwarzen Pest weggerafft worden sei. Wenn nun gegenwärtig Europa von 210 Millionen bewohnt wird, so betrug die Volksmenge im vierzehnten Jahrhundert, um eine höhere Angabe zu vermeiden, die leicht gerechtfertigt werden könnte, mindestens 105 Millionen. Es kann also mit Grund und ohne Übertreibung angenommen werden, daß Europa durch die schwarze Pest fünfundzwanzig Millionen Einwohner verloren hat.

Daß die Völker eine so furchtbare Erschütterung im Äußern doch so bald verwinden, und sich überhaupt ohne größere Rückschritte, als wirklich geschahen, so entwickeln konnten, wie sie in den folgenden Jahrhunderten auftraten, ist der überzeugendste Beweis der Unverwüstlichkeit der menschlichen Gesellschaft in ihrer Gesamtheit. Anzunehmen, daß diese in ihrem Innern keine wesentlichen Veränderungen erlitten habe, weil dem Anscheine nach alles beim Alten blieb, widerstreitet indessen einer richtigen Ansicht von Ursache und Wirkung. Viele Geschichtschreiber scheinen sich zu einer solchen Meinung zu bekennen, gewohnt, nach ihrer Weise, den sittlichen Zustand der Völker allein nach dem Wechsel der irdischen Macht, den Ausgängen der Kämpfe, und dem Einfluß der Religion zu beurteilen, an den großen Naturerscheinungen aber, die nicht nur die Oberfläche der Erde, sondern auch die Gemüter umgestalten, gleichgültig vorüberzugehen, wie denn die meisten unter ihnen das große Sterben im vierzehnten Jahrhundert nur oberflächlich berührt haben. Wir unseres Teils sind der Überzeugung, daß der schwarze Tod zu den größten Weltbegebenheiten gehört, welche den gegenwärtigen Zustand von Europa vorbereitet haben. Hierzu werden sich vielleicht für den umsichtigen Beobachter des menschlichen Gemüts, wie für den Kenner der geistigen Kräfte, welche Völker und Staaten in Bewegung setzen, im Folgenden einige Beweise ergeben. Vor der Hand war die Steigerung der Hierarchie in den meisten Ländern

---

[102] Richter a. a. O.

auffallend, denn die Kirche erwarb aller Orten Schätze und großen Länderbesitz, mehr noch, als nach den Kreuzzügen; die Erfahrung aber hat gezeigt, daß ein solcher Zustand den Völkern verderblich ist, und sie zu Rückschritten veranlaßt, deren ohnehin schon viele geschahen.

Nach dem Aufhören der großen Pest war eine größere Fruchtbarkeit der Weiber überall auffallend – dieselbe großartige Erscheinung, die nach jeder verheerenden Seuche das Walten einer höheren Macht in der Richtung des organischen Gesamtlebens – wenn irgendein anderer Vorgang – überzeugend beweist. Die Ehen waren fast ohne Ausnahme gesegnet, und häufiger als sonst wurden Zwillinge und Drillinge geboren, wobei wir der sonderbaren Sage gedenken müssen, daß nach dem großen Sterben die Kinder weniger Zähne erhalten haben sollen, als früher, worüber die Zeitgenossen sich gewaltig entsetzten, und auch Spätere leichtgläubig in Verwunderung geraten sind. Geht man dieser oft wiederholten Angabe auf den Grund, so ergibt sich bald, daß man sich nur eigentlich darüber wunderte, bei den Kindern nur zwanzig oder höchstens zweiundzwanzig Zähne ausbrechen zu sehen, als ob ihnen jemals mehr zu Teil geworden wären.[103] Irgend einige Schriftsteller von Gewicht, wie z. B. der Arzt Savonarola[104] in Ferrara, die wahrscheinlich achtundzwanzig Zähne bei den Kindern suchten, ließen darüber ihr Bedenken laut werden; man schrieb ihnen nach, ohne selbst zu sehen, wie oft bei anderen Dingen, die ebenso am Tage liegen, und siehe da, die Welt glaubte an das Wunder einer Unvollkommenheit des menschlichen Körpers, die von der schwarzen Pest bewirkt worden sei. Allmählich verschmerzten die Völker die ausgestandenen Leiden, die Toten wurden betrauert und vergessen, und die Welt gehörte den Lebenden im regen Wechsel des Daseins.[105]

---

[103] Diese Ansicht gestaltet sich aus den hierher gehörigen Stellen bei Guillelm. de Nangis und Barnes, wenn man sie mit Aufmerksamkeit liest. – Vergl. Olof Dalin, a. a. O.

[104] Practica de aegritudinibus a capite usque ad pedes. Papiae 1486. fol. Tract. VI. c. 7.

[105] „Darnach da das Sterber, die Geiselfarth, Römerfarth, Juden Schlacht, als vor geschrieben stehet, ein End hatte, da hub die Welt wieder an zu

5. Moralische Folgen.

DIE Erschütterung der Gemüter während der schwarzen Pest
war bei allen Völkern ohne Beispiel und über alle Beschreibung. Die Gefahr erschien den Kleinmütigen als Gewißheit des
Todes, viele starben vor Furcht beim Herannahen der Krankheit,[106] und selbst die Standhaften verloren die Zuversicht. So löste
sich allmählich, nachdem die Hoffnung auf die Zukunft ent-
schwunden war, das geistige Band, das den Menschen mit den
Seinigen und seinen Mitbürgern vereint. Die Gottesfürchtigen
schlossen mit der Welt ab, die Ewigkeit tat sich ihren Blicken auf,
und sie begehrten nur noch die Segnungen der Religion, der Tod
hatte für sie seine Schrecken verloren. Reue bemächtigte sich der
Frevler, die noch übrigen Stunden sollten christlicher Tugend
geweiht sein; allgemein waren die Gemüter dem Jenseits zuge-
wandt, und Kinder, welche höhere Gefühle ungetrübt wiedergeben,
sah man oftmals, von der Pest ergriffen unter Gebet und heiligen
Gesängen ihre Seele aushauchen.[107] Ein banger Bußgedanke ergriff
alle christlichen Gemeinden, man wollte den Lastern entsagen,
geschehenes Unrecht noch vor dem Hinscheiden wieder gut
machen, mit Gott sich versöhnen, die Strafe begangener Sünden
abwenden durch harte Selbstzüchtigung. Erhaben würde die
menschliche Natur erscheinen, wenn die tausend edlen Hand-
lungen, welche in Zeiten so großer Gefahr in der Stille geübt

---

leben und fröhlich zu sein, und machten die Männer neue Kleidung."
Limburger Chronik. S. 26.

[106] Chalin, a. a. O. p. 92. – Detmar's Lübecker Chronik, Bd. I. S. 401.

[107] Chronic. Ditmari, Episcop. Mersepurg. Francof. 1580. fol. p. 358. –
Spangenberg, S. 338: „Es ist ein erbermiglicher Jammer gewesen, dabey
man sich nichts denn alleine des getrösten gehabt, das sich ein jeder in
diesem schrecken zu einem seligen Sterben hat bereiten müssen, denn da
war nichts anders, denn der gewisse Todt, darüber schlug mancher in sich
selbst, kehrte sich zu Gott, und lies von seinem bösen Leben, und die
Eltern warneten ihre Kinder, lereten sie beten, und sich in Gottes willen
ergeben, gleicher gestalt ermanete ein Nachbar den andern, denn da war
keiner eine Stunde seins Lebens sicher, und hierüber trug sichs dann
gleichwohl zu, daß man die Leute, auch junge Kinder sahe mit freuden
etliche betend, etliche singend, von dieser welt abscheiden."

werden, der Nachwelt zur Erinnerung aufgezeichnet werden könnten. Sie sind es indessen nicht, die in den Gang der Begebenheiten eingreifen, darum werden sie nur den stummen Augenzeugen bekannt, und versinken bald in Vergessenheit. Aber die Heuchelei, der Wahn, die Scheinheiligkeit treten mächtig hervor, sie entweihen das Erhabene und benutzen das Göttliche zu den unreinen Zwecken der Selbstsucht, welche das Gute in die fehlerhafte Regung des Zeitalters mit fortreißt. So geschah es in den Jahren dieser Seuche. Das Mönchtum war im vierzehnten Jahrhundert noch in seiner vollen Blüte, der Macht der geistlichen Orden und Brüderschaften wurde von den Völkern gehuldigt, noch immer war die Hierarchie dem weltlichen Zepter furchtbar. Es lag also in dem Zustande der menschlichen Gesellschaft, daß der frömmelnde Wahn, der in Zeiten dieser Art öffentliche Bußübungen zur Schau trägt, sich des geistlichen Scheines bemächtigte. Doch geschah dies in der Art, daß das losgebundene eigenwillige Bußgefühl in Freiheitsschwindel geriet, der Hierarchie den Gehorsam aufkündigte, und der in veralteten Formen erstarrten Kirche ein furchtbares Widerspiel bereitete.

Während nun alle Länder von Jammer und Wehklage erfüllt waren, trat zuerst in Ungarn,[108] und darauf in Deutschland, die Brüderschaft der Geißler oder Flagellanten auf, die sich auch Kreuzbrüder und Kreuzträger nannten, um die Reue des Volkes über die begangenen Sünden auf sich zu nehmen, und Gebete zur Abwendung der Pest ertönen zu lassen. Sie bestand größtenteils aus Menschen der niederen Volksklasse, die entweder wahre Reue fühlten, oder sich eines Vorwandes zum Müßiggang erfreuten, und von sinnverwirrendem Wahne ergriffen waren; als aber das Ansehen der Geißelbrüderschaften gestiegen war, und das Volk ihnen mit Verehrung und offenen Armen entgegenkam, gesellten sich ihnen auch viele Adlige und Geistliche zu, und oft sah man ihre Scharen von Kindern, ehrbaren Frauen und Nonnen verstärkt, so mächtig ergriff die Ansteckung die verschieden-

---

[108] Torfaei Hist. rer. Norvegic. L. IX. c. 8. p. 478. (Havn. 1711. fol.) – Die Cronica van der hilliger Stat van Coellen, off dat tzytboich. Coellen 1499. fol. S. 263. „In dem vurfs jair erhioff sich eyn alzo wunderlich nuwe geselschaft in Ungarien," u. s. w.

artigsten Gemüter.[109] In wohlgeordneten Prozessionen, mit Anführern und Vorsängern, durchzogen sie die Städte, das Haupt bis zu den Augen bedeckt, den Blick zur Erde gesenkt, mit den Merkmalen der tiefsten Reue und Trauer. Angetan mit düsteren Gewändern trugen sie auf der Brust, dem Rücken und dem Hute rote Kreuze, und führten große dreisträngige Geißeln mit drei oder vier Knoten, in welche eiserne Kreuzspitzen eingebunden waren.[110] Kerzen und prangende Fahnen von Sammet und Goldstoff wurden ihnen vorgetragen, und wo sie kamen, läutete man mit allen Glocken, und das Volk strömte ihnen entgegen, ihren Gesang zu vernehmen, und ihren Bußübungen mit Andacht und in Tränen beizuwohnen. In Straßburg zogen im Jahre 1349 zuerst 200 Geißler ein, die mit großem Beifall aufgenommen und gastfreundlich von den Bürgern beherbergt wurden; mehr als Tausend traten zu ihrer Brüderschaft, die nun einem wandernden Heere glich, und sich teilte, um nach Norden und Süden zu ziehen. Dann kamen länger als ein halbes Jahr wöchentlich neue Scharen, und jedesmal verließen Erwachsene und Kinder die Ihrigen, um ihnen beizutreten, bis endlich ihre Heiligkeit verdächtig wurde, und man ihnen die Türen der Häuser und Kirchen verschloß.[111] In Speier traten 200 zwölfjährige und noch jüngere Knaben zu einer Kreuzbrüderschaft zusammen, Nachahmer der Kinder, die hundert Jahre früher unter Anführung fanatischer Mönche das heilige Grab erobern wollten. Alle Einwohner wurden in dieser Stadt von dem Wahn fortgerissen, man führte die Fremdlinge lobpreisend nach Hause, um sie festlich über Nacht zu bewirten; die Frauen stickten ihnen Fahnen, und überall beeiferte man sich, ihren Pomp zu

---

[109] Albert. Argentinens. Chronic. p. 149., bei Chr. Urstisius, Germaniae historicorum illustrium Tomus unus. Francof. 1585. fol. – Guillelm. de Nang. a. a. O. – Man vergl. noch außerdem: Sachsisches Chronicon durch Mattheum Dresseren, D. und Professorem zu Leiptzigk. Wittenberg 1596. fol. S. 340., die angeführte Limburger Chronik, – Germaniae Chronicon. Von des ganzen Teutschlands aller Teutschen völcker herkommen, Namen, Händeln etc. Durch Seb. Francken zu Wörd. Tübingen, 1534. sol. S. 201.

[110] Ditmar, a. a. O.

[111] Königshoven, Elsassische und Strassburgische Chronicke, a. a. O. S. 297 f.

verherrlichen, mit jedem neuen Zuge wuchs ihre Macht und ihr Ansehen.[112] Es waren nicht einzelne Länderstriche, die sie inne hatten, ganz Deutschland, Ungarn, Polen, Böhmen, Schlesien und Flandern huldigten ihrem Wahn, und zuletzt wurden sie der weltlichen wie der geistlichen Macht furchtbar. Die Wirkung dieses Fanatismus war also großartig und gefahrdrohend, der Aufregung vergleichbar, welche 250 Jahre früher die Völker Europas in die Wüsten von Syrien und Palästina rief. Die Erscheinung an sich war nicht neu. Schon im elften Jahrhundert zerlästerten sich in Asien und im südlichen Europa viele Gläubige mit Geißelhieben. Man nennt einen Mönch zu St. Croce d'Avellano, Dominicus Loricatus, als Meister und Vorbild dieser Art von Leibesertötung, welche nach uralten Begriffen asiatischer Anachoreten für wahrhaft christlich gehalten wurde. Der Urheber feierlicher Geißler-Umzüge soll der heilige Antonius († 1231) gewesen sein; schon zu seiner Zeit wurden diese Bußübungen ein denkwürdiger Wahn, den die Weltgeschichte als folgenreich zu bezeichnen hat. 1260 traten die Geißler als Devoti in Italien auf: „Damals als viele Laster und Verbrechen dies Land schändeten,[113] überfiel plötzlich eine unerhörte reuige Stimmung der Gemüter die Völker Italiens. Es kam die Furcht Christi so sehr über sie, daß Edle und Unedle, Greise und Jünglinge, selbst Kinder von fünf Jahren, nackt bis auf die bedeckten Schamteile, paarweise in feierlichem Aufzuge durch die Städte zogen. Alle hatten Geißeln von ledernen Riemen in den Händen, womit sie sich, unter Seufzen und Weinen, so heftig schlugen, daß das Blut danach floß. Nicht nur am Tage, sondern auch des Nachts, im strengsten Winter, zogen sie mit brennenden Kerzen zu Tausenden und Zehntausenden, angeführt von Priestern, mit Kreuzen und Fahnen durch die Städte und nach den Kirchen, und warfen sich vor den Altären nieder. Also taten sie auch in den Dörfern, und Felder und Berge hallten wieder von den Stimmen derer, die zu Gott schrieen. Überall nur Trauergesang der Büßenden. Alle Feinde

---

[112] Albert. Argentin. ä. a. O. – Sie blieben nicht länger als über Nacht in einem Orte.
[113] Worte des Monachus Paduanus, in Förstemanns angeführter Abhandlung, der besten über diesen Gegenstand.

versöhnten sich miteinander. Männer und Weiber taten so große Werke der Barmherzigkeit, als ob sie fürchteten, die göttliche Allmacht werde sie strafend vernichten." Diese Geißelfahrten verbreiteten sich durch alle Gebiete des südlichen Deutschlands, bis nach Sachsen, Böhmen, Polen und noch weiter, doch widerstanden endlich die Geistlichen der ihnen gefährlichen Geißelwut, ohne diesen Wahn ausrotten zu können, der, so lange er sich ihrer Herrschaft fügte, der Hierarchie förderlich war. Regnier, ein Einsiedler in der Gegend von Perugia, wird als damaliger fanatischer Bußprediger genannt, von dem die Überspannung ausgegangen sei.[114] 1296 sah man eine große Geißelfahrt in Straßburg,[115] und 1334, vierzehn Jahr vor dem großen Sterben, vermochte die Predigt des Dominikaners Venturinus von Bergamo mehr als 10.000 Menschen zu einem neuen Geißelzuge. In Kirchen geißelten sie sich, auf öffentlichen Plätzen wurden sie auf gemeine Unkosten gespeist. In Rom ward Venturinus verhöhnt, der Papst verwies ihn in die Gebirge von Ricondona; er ertrug alles, ging nach dem gelobten Lande und starb 1346 zu Smyrna.[116] Man sieht also, die Geißelsucht war eine Manie des Mittelalters, die im Jahr 1349 bei so furchtbarer Veranlassung und bei so frischer Erinnerung keines neuen Stifters bedurfte, von dem überdies alle Überlieferungen schweigen. Sie regte sich wahrscheinlich an vielen Orten zugleich, indem der Todesschrecken, der alle Völker durchzuckte, und so gewaltige Triebfedern wie mit einem Schlage in Aufruhr brachte, leicht auch den Fanatismus der überspannten und alles mit sich fortreißenden Reue heraufbeschwören konnte.

---

[114] Schnurrer, Chronik der Seuchen, Bd. I. S. 291.

[115] Königshoven a. a. O.

[116] Förstemann a. a. Die Geißelfahrten i. J. 1349 waren nicht die letzten. Noch im vierzehnten Jahrhundert regte sich die Geißelsucht einigemal, wenn auch nie wieder in so großer Ausdehnung; im fünfzehnten hielt man es an einigen Orten in Deutschland für notwendig, sie mit Feuer und Schwert auszurotten, und noch 1710 sah man in Italien Umzüge von Kreuzträgern. Wie tief diese Manie gewurzelt war, zeigt die gerichtliche Aussage eines Nordhäuser Bürgers (1446), daß seine Frau, im Glauben, ein christliches Werk zu tun, ihre Kinder sogleich nach der Taufe habe geißeln wollen.

Die Weise und das Treiben der Geißler im dreizehnten und vierzehnten Jahrhundert sind sich ganz gleich. Kam ihnen aber auch während der schwarzen Pest der einfältige Glaube zu Hilfe, der das schnödeste Blendwerk religiöser Schwärmerei als trostreich ergriff, so zeigt sich doch schon in der bloßen Erscheinung dieses Fanatismus, daß die Anführer eng verbrüdert sein. mußten, und die Macht einer geheimen Verbindung ausübten. Auch waren es gewöhnlich Gebildete, welche den rohen Haufen im Zaume hielten, und zum Teil gewiß andere Zwecke im Auge hatten, als die sie zur Schau trugen. Wer in die Brüderschaft treten wollte, mußte sich verpflichten, vierunddreißig Tage darin zu bleiben,[117] und täglich vier Pfennige zu verzehren haben, um niemandem beschwerlich zu fallen; auch mußte er, war es ein Ehemann, von seiner Hausfrau beurlaubt sein, und und die Versicherung geben, er habe jedermann verziehen. Die Kreuzbrüder durften keine freie Herberge fordern, oder auch nur in ein Haus gehen, sie mußten, denn eingeladen sein; auch mit Frauen sollten sie nicht reden, und hatten sie wider diese Vorschriften gesündigt, oder die Vorsicht aus den Augen gesetzt, so waren sie gehalten, ihrem Meister zu beichten, der ihnen einige Streiche mit der Geißel als Buße auferlegte. Geistliche hatten unter ihnen als solche keinen Vorrang; nach ihrem ursprünglichen Gesetz, das jedoch oft übertreten worden ist, sollten sie auch nicht Meister werden, und an ihren geheimen Beratungen Teil nehmen können. Zwei mal täglich hielten sie Bußübungen, Morgens und Abends, zogen dann paarweise unter Gesang und Glockengeläut hinaus ins Freie, und wenn sie an der Geißelstatt angekommen waren, entkleideten sie den Oberleib und entledigten sich der Schuhe, so daß sie nur noch mit einem leinenen Unterkleid vom Nabel bis an die Knöchel angetan blieben. Darauf legten sie sich in einem weiten Kreise nieder, in verschiedenen Stellungen, je nach der Art ihrer Sünden, der Ehebrecher mit dem Gesicht zur Erde, der Meineidige auf eine Seite, und drei Finger erhoben, und danach geißelte sie der Meister, den einen mehr, den andern weniger, und hieß sie aufstehen mit einer

---

[117] Nach anderen, namentlich Guill. de Nangis, dreiunddreißig.

üblichen Formel.[118] Wenn dies geschehen war, so geißelten sie sich selbst unter Gesang, überlautem Gebet um Abwendung der Pest, Kniebeugungen und sonstigen Gebräuchen, von denen die Zeitgenossen Verschiedenes berichten, wobei sie nicht unterließen, von ihrer Buße zu rühmen, daß das Blut ihrer Geißelwunden mit dem Blute des Heilandes sich vermische.[119] Endlich aber trat einer unter ihnen auf, um mit lauter Stimme einen Brief vorzulesen, den, wie man vorgab, ein Engel in der St. Peterskirche zu Jerusalem vom Himmel gebracht hatte, des Inhalts, daß Christus, erzürnt über die Sünden der Menschen, die Fürbitte der heiligen Jungfrau und der Engel dahin beantwortet habe, daß jeder, der vierunddreißig Tage lang umherzöge und sich geißelte, der göttlichen Gnade teilhaftig werden sollte.[120] Diese Szene berauschte die Gläubigen nicht minder, als einst die Auffindung der heiligen Lanze in Antiochien, und fragte einer unter den Geistlichen, wer denn den Brief besiegelt, so antworteten sie keck, derselbe, der das Evangelium besiegelt hätte.

Dies alles tat eine so große Wirkung, daß die Kirche in keine geringe Gefahr geriet; denn man glaubte ihnen mehr, als den Priestern, denen sie sich so ganz entzogen, daß sie sich untereinander selbst lossprachen. Überdies nahmen sie aller Orten die Gotteshäuser in Beschlag, und ihre neuen Lieder, welche von Mund zu Mund gingen, sprachen die Sinnesart des Volkes mächtig an. Hohe Begeisterung und ursprünglich frommer Sinn gibt sich in diesen Liedern ganz deutlich zu erkennen, vornehmlich in dem noch erhaltenen Hauptliede der Kreuzträger, das in ganz Deutschland in verschiedener Mundart gesungen wurde, und höchstwahrscheinlich älteren Ursprunges ist.[121] Aber die Entar-

[118] Königshoven, S. 298: „Stant uf durch der reinen martel ere, Und hüte dich vor der Sünden mere."

[119] Guill. de Nang. a. a. O.

[120] Albert. Argentinens. a. a. O.

[121] In den Chroniken kommt es in größeren oder kleineren Bruchstücken vor; vollständig hat es sich nur in einer Handschrift erhalten, welche sich in der für deutsche Literatur überaus wertvollen Bibliothek des Hrn. Präsidenten v. Meusebach befindet. Nach derselben hat es Maßmann mit beigedruckter Übertragung herausgegeben: Erläuterungen zum Wessobrunner Gebet des achten Jahrhunderts. Nebst zweien noch

tung folgte bald, Frevel wurden überall begangen, und es fand sich kein hochstrebender Mann, der die geistige Aufregung auf reinere Zwecke geleitet hätte, wenn überhaupt wirksamer Widerstand gegen die veraltende Kirche schon jetzt zeitgemäß, und es möglich gewesen wäre, der Überspannung Meister zu werden. Ihre Wundertätigkeit stellten die Geißler wohl zuweilen auf die Probe, wie in Straßburg, wo sie in ihrem Kreise ein totes Kind erwecken wollten; aber es gelang ihnen nichts, und ihre Ungeschicklichkeit gereichte ihnen zum Schaden, wenn sie auch hier und da durch das Vorgeben, den Teufel austreiben zu können, das Vertrauen auf ihren heiligen Beruf rege erhielten.[122] Vierunddreißig Jahre sollten die Geißelfahrten währen, so war es von den Kreuzbrüdern verkündigt, und viele ihrer Meister hatten ohne Zweifel den Vorsatz, dauernde Verbindungen gegen die Kirche zu gründen, aber sie waren zu weit gegangen, und noch in demselben Jahre setzte der allgemeine Widerwille ihren Umtrieben ein Ziel, so daß die strengen Verordnungen Kaiser Karls IV. und des Papstes Clemens,[123] der sich in dieser ganzen Schreckenszeit klug, edelmütig und seiner hohen Stellung würdig benahm, leicht ausgeführt werden konnten.[124] Schon hatten die Sorbonne in Paris und Kaiser Karl beim heiligen Stuhl um Abhilfe von einem so bedenklichen und ketzerischen Unfug gebeten, denn wenig fehlte, so hätte das Ansehen des Klerus aller Orten daniedergelegen, als in Avignon

---

ungedruckten Gedichten des vierzehnten Jahrhunderts. Berlin 1824. 8. – Als ein sprechendes Dokument des Zeitalters werden wir es am Schluß dieser Abhandlung mittheilen. – Die Limburger Chronik versichert zwar, es sei erst in dieser Zeit gedichtet, doch ist ein Teil davon, wo nicht das ganze Lied, schon bei den Geißelfahrten von 1260 gesungen worden. Siehe: Incerti auctoris Chronicon rerum per Austriam vicinasque regiones gestarum inde ab anno 1025 usque ad annum 1282. Munich. 1827. 8. p. 9.

[122] Trithem. Annal. Hirsaugiens. T. II. p. 206.

[123] Er erließ wider sie 1349 d. 20. Oct. eine Bulle. Raynald. Trithem. a. a. O.

[124] „Aber da man letztlich sich nicht mehr über sie verwundert, die glocken nicht mehr zu ihrer ankunft leutet, und sie nicht als vor, ehrlich empfing, zergingen sie, als menschen gedicht pflecht zu zerrinnen." Sächsisches Chronicon durch Mattheum Dresseren. Wittenberg, 1596. fol. S. 340. 41.

hundert Kreuzbrüder aus Basel ankamen, und Einlaß begehrten. Da untersagte ihnen der Papst, die Fürsprache einiger Kardinäle nicht achtend, ihre öffentlichen Bußübungen, zu denen er sie nicht berechtigt, und verbot in der ganzen Christenheit, bei Strafe der Exkommunikation, die Fortsetzung der Geißelfahrten.[125] Gestützt auf das verdammende Gutachten der Sorbonne, versagte Philipp VI. den Kreuzbrüdern die Aufnahme in Frankreich[126], zugleich drohte ihnen König Manfred von Sizilien mit Todesstrafe, und im Osten widerstanden ihnen einige Bischöfe, wie Janussius von Gnesen[127] und Preczlaw von Breslau, der einen ihrer Meister, einen gewesenen Diaconus, zum Tode verurteilen, und der Rohheit des Zeitalters gemäß, öffentlich verbrennen ließ.[128] In Westfalen verfuhr man gegen die noch vor kurzem verehrten Kreuzbrüder mit eiserner Strenge,[129] und in der Mark wie in allen übrigen deutschen Landen verfolgte man sie, als wären sie die Anstifter alles Unheils gewesen.[130] Unstreitig haben die Geißelfahrten die Verbreitung der Pest überall begünstigt, und es liegt am Tage, daß der finstere Wahn, der sie veranlaßte, ein neues Gift werden mußte für die ohnehin schon tief versunkenen Gemüter.

Dies alles hielt sich noch in den Schranken der rohen Schwärmerei, aber grauenvoll waren die Judenverfolgungen, die man sich in den meisten Ländern mit noch größerer Erbitterung erlaubte, als im zwölften Jahrhundert, während der ersten Zeit der Kreuzzüge. Bei jeder mörderischen Seuche denkt das Volk zuerst an Vergiftung. Keine Belehrung fruchtet, der vermeinte Augenschein ist ihm Beweis, und es fordert gebieterisch die Opfer seiner Rache. Und wen konnte diese wohl anders treffen, als die Juden, die wuchernden, und in Erbitterung gegen die Christen lebenden Fremdlinge? Überall glaubte man, sie hätten die

[125] Albert. Argentinens. a. a. O.
[126] Guillelm. de Nangis.
[127] Ditmar, a. a. O.
[128] Klose, Von Breslau. Dokumentierte Geschichte und Beschreibung Bd. 2. Breslau 1781. 8. S. 190.
[129] Limburger Chronik. S. 17.
[130] Kehrbergs Beschreibung der Stadt Königsberg i. d. Neumark. 1724. 4. S. 240.

Brunnen vergiftet, oder die Luft verpestet;[131] sie allein sollten das grause Sterben über die Christenheit gebracht haben.[132] Dafür wurden sie mit schonungsloser Grausamkeit verfolgt, und der Wut des Volkes entweder unmittelbar preisgegeben, oder von Blutgerichten verurteilt, die nach aller Form der Gesetze die Scheiterhaufen errichten ließen. In Zeiten dieser Art ist zwar viel die Rede von Schuld oder Unschuld, aber Haß und Rachsucht reißen den Verstand mit sich fort, und der geringste Anschein steigert den Verdacht zur Überzeugung. Es zeigt sich in diesen Blutszenen, die Europa im vierzehnten Jahrhundert befleckt haben, eine ähnliche Manie des Zeitalters, wie in den Verfolgungen der Hexen und Zauberer, und sie beweisen, wie diese, daß der Wahn, der sich mit Haß verbrüdert, und mit den niedrigsten Leidenschaften verflochten ist, in ganzen Völkern mächtiger sein kann, als Religion und gesetzliche Ordnung, ja selbst des Anscheins beider sich zu bemächtigen weiß, um das Schwert der lange verhaltenen Rache desto sicherer mit Blut zu tränken.

Ihren Anfang nahmen die Judenverfolgungen in Chillon, am Genfer See, im September und Oktober 1348,[133] wo man die erste peinliche Untersuchung gegen sie veranlaßte, nachdem sie schon lange vorher von dem Volke der Brunnenvergiftung beschuldigt worden waren; dann folgten ähnliche Auftritte in Bern und Freiburg im Januar 1349. Von Schmerz getrieben, gestanden die Gefolterten dies Verbrechen ein, und nachdem man in Zoffingen wirklich Gift in einem Brunnen gefunden haben wollte, so waren solche Beweise für alle Welt überzeugend, und die Verfolgung der verhaßten Schuldigen schien gerechtfertigt. Nun mögen wir auch gegen diese Tatsachen ebensowenig einwenden, als gegen die tausendfältigen Geständnisse der Hexen, denn die Fragen der

---

[131] So berichtet der polnische Geschichtschreiber Dlugoss, a. a. O., während die meisten Zeitgenossen doch nur von Brunnenvergiftung sprechen. Man sieht, es kam bei der vorhandenen Gesinnung wenig darauf an, dieser Beschuldigung noch eine weit gefährlichere hinzuzufügen.

[132] In Städten, wo keine Juden vorhanden waren, wie in Leipzig, Magdeburg, Brieg, Frankenstein u. m. a., beschuldigte man die Todtengräber desselben Verbrechens. S. Möhsen, Geschichte der Wissenschaften in der Mark Brandenburg. Bd. II. S. 265.

[133] S. die Originalverhandlungen hierüber im Anhange.

fanatischen Blutgerichte waren so verwebt, daß mit Hilfe der Folter die Antwort, die man haben wollte, erfolgen mußte; auch entspricht es der menschlichen Natur, daß Verbrechen, die in aller Munde sind, wirklich von einigen aus Mutwillen oder Rache, oder wahnsinniger Erbitterung begangen werden; Verbrechen und Beschuldigung aber sind unter Umständen dieser Art nichts weiter, als die Ausgeburt eines wutkranken Geistes der Völker, und die Ankläger, nach sittlichen Begriffen, die über allen Zeitaltern stehen, die schuldigeren Frevler.

Schon im Herbst 1348 verbreitete sich ein panischer Schrecken ob der geglaubten Vergiftung unter alle Völker, und vornehmlich in Deutschland überbaute man ängstlich alle Quellen und Brunnen, damit niemand aus ihnen trinken, oder die Speisen mit ihrem Wasser bereiten möchte; die Einwohner unzähliger Städte und Dörfer bedienten sich lange Zeit hindurch nur des Regen und Flußwassers.[134] Auch verwahrte man mit großer Strenge die Stadttore, nur Zuverlässige wurden eingelassen, und fand man bei Fremden Arzneien oder andere Dinge, die man für giftig halten konnte – viele mögen dergleichen zu eigenem Schutz bei sich geführt haben – so zwang man sie, davon einzunehmen.[135] Durch diesen peinlichen Zustand von Entbehrung, Mißtrauen und Argwohn steigerte sich begreiflich der Haß gegen die vermeinten Vergifter, und artete oftmals in große Volksbewegungen aus, die nur noch mehr geeignet waren, die wildesten Leidenschaften durcheinander toben zu lassen. Vornehme und Geringe verschworen sich ohne Scheu, die Juden mit Feuer und Schwert zu vertilgen und sie ihren Beschützern zu entreißen, deren sich so wenige fanden, daß in ganz Deutschland nur einige Orte genannt werden konnten, an denen man jene Unglücklichen nicht als Geächtete betrachtet und sie gemartert und verbrannt hätte.[136] Von Bern ergingen feierliche Aufforderungen an die Städte Basel, Freiburg im Breisgau und Straßburg, die Juden als Giftmischer zu

---

[134] Hermanni Gygantis Flores temporum, sive Chronicon universale. Ed. Meuschen. Lugdun. Bat. 1743. 4. p. 139. – Hermann, ein Franziskaner-Mönch in Franken, schrieb im Jahre 1349 als Augenzeuge, während die empörendsten Blutszenen in ganz Deutschland vorgingen.
[135] Guid. Cauliac. a. a. O.
[136] Hermann, a a. O.

verfolgen. Nun widersetzten sich zwar die Bürgermeister und Ratsherren diesem Anmuten, in Basel nötigte sie aber das Volk zu dem eidlichen Versprechen, die Juden zu verbrennen, und ihren Religionsverwandten auf zweihundert Jahre die Stadt zu untersagen. Hierauf wurden sämtliche Juden in Basel, deren Anzahl gewiß nicht unbedeutend war, in ein hölzernes, hierzu erbautes Behältnis eingesperrt, und mit diesem verbrannt, bloß auf das Geschrei des Volkes, und ohne Urteil und Recht, das ihnen überdies nichts gefrommt haben würde. Bald darauf geschah dasselbe in Freiburg. Nun wurde auch ein förmlicher Landtag in Bennefeld im Elsaß gehalten, wo die Bischöfe, Herren und Barone, so wie Abgeordnete der Grafen und der Städte sich berieten, wie fernerhin gegen die Juden zu verfahren sei, und als sich hier die Abgeordneten von Straßburg – nicht aber der Bischof dieser Stadt, der sich als ein wütender Fanatiker zeigte – zu Gunsten der Verfolgten vernehmen ließen, da sie nichts Nachteiliges von ihnen wüßten, so erregten sie lauten Unwillen, und man fragte sie stürmisch, warum sie denn ihre Brunnen verdeckt und die Eimer abgenommen? So kam ein blutiger Beschluß zu Stande, und fand unter dem Pöbel, der dem Rufe der Großen und der hohen Geistlichkeit folgte, nur allzubereitwillige Vollstrecker.[137] Wo man nun die Juden nicht verbrannte, da verjagte man sie wenigstens, und so fielen sie umherirrend den Landleuten in die Hände, die mit Feuer und Schwert gegen sie wüteten, ohne menschliches Gefühl und ohne Scheu vor irgendeinem Gesetz. In Speier versammelten sich die Juden in wilder Verzweiflung in ihren Häusern, und verbrannten sich selbst mit den Ihrigen. Die wenigen übrig gebliebenen wurden zur Taufe genötigt, die Leichen der Ermordeten aber, die auf den Straßen umherlagen, steckte man in leere Weinfässer und rollte sie in den Rhein, damit sie nicht die Luft verpesteten. Zugleich wurde das Volk verhindert, in die Brandstätten der Judengasse einzudringen, denn der Rat ließ selbst nach den Schätzen suchen, und soll deren beträchtliche gefunden haben. In Straßburg wurden zweitausend Juden auf ihrem Begräbnisplatze verbrannt, wo man ein großes Gerüst aufgebaut hatte; wenige, die versprachen Christen zu werden, ließ man leben, und nahm ihre Kinder wieder vom

---

[137] Albert. Argentin. – Königshoven, a. a. O.

Scheiterhaufen. Auch erregte die Jugend und Schönheit einiger Jungfrauen Mitleid, und man entriß sie wider ihren Willen dem Tode, viele aber, die von der Brandstätte gewaltsam entsprangen, wurden in den Straßen ermordet. Alle Pfänder und Schuldbriefe ließ der Rat den Schuldnern zurückgeben, und das vorgefundene Geld unter die Handwerke verteilen.[138] Doch wollten viele ein so schnödes Blutgeld nicht annehmen, sondern schenkten es nach der Bestimmung ihrer Beichtväter Klöstern, empört über die Auftritte mordgieriger Habsucht, über die das wutberauschte Volk der Pest zu vergessen schien.[139] In allen rheinischen Städten wiederholten sich während der nächsten Monate diese Greuel, und nach dem einige Ruhe wiederhergestellt war, glaubte man ein gottgefälliges Werk zu tun, wenn man von den Steinen der verbrannten Häuser und den Grabmälern der Juden verfallene Kirchen wiederherstellte und Glockentürme erbaute.[140]

In Mainz allein sollen 12,000 Juden einen qualvollen Tod gefunden haben. Geißler hielten hier im August ihren Einzug: Juden gerieten hierbei mit Christen in Streit, und töteten deren viele; als sie aber sahen, daß sie der anwachsenden Übermacht weichen mußten, und nichts sie vom Untergange retten konnte, so verbrannten sie sich in ihren Häusern mit allen Ihrigen. So gaben denn auch an anderen Orten fanatische Geißelfahrten die Losung zu blutigen Auftritten, und da man über all mit der Mordgier eine unselige Bekehrungssucht verband, so wurde auch unter den Juden ein fanatischer Eifer rege, als Märtyrer ihres alten Glaubens zu sterben. Wie hätten sie sich auch mit Überzeugung dem Christentum in die Arme werfen können, dessen Gebote nie frevelhafter übertreten worden sind? In Esslingen verbrannte sich die ganze jüdische Gemeinde in ihrer Synagoge,[141] und oftmals sah man

---

[138] „Dies was ouch die vergift, die die Juden döttete,“ bemerkt Könighoven, wobei noch in Anschlag kommt, daß ihre Vermehrung in ganz Deutschland bedenklich wurde, und die Art ihres Erwerbs, die man ihnen gleichwohl allein übrig ließ, aller Orten den Groll gegen sie nährte.

[139] Man riß z. B. reichen Israeliten auf ihrem Wege zur Brandstätte die Kleider vom Leibe, der eingenähten Goldstücke wegen Albert. Argentinens.

[140] Ebend.

[141] Spangenberg, a. a. O.

Mütter mit eigenen Händen ihre Kinder auf den Scheiterhaufen werfen, damit sie nicht getauft werden sollten, und dann selbst in die Glut nachspringen;[142] kurz, wozu Fanatismus, Rachsucht, Habgier und Verzweiflung im furchtbaren Vereine den Menschen irgend treiben können – und wo ist hier die Grenze? – das geschah im Jahr 1349 in ganz Deutschland, Italien und Frankreich ungestraft und vor aller Welt Augen. Es schien, als wären der Pest nur Schandtaten und wahnsinniger Taumel, nicht aber Trauer und Betrübnis gefolgt; die meisten, welche Erziehung und Standpunkt beriefen, die Stimme der Vernunft zu reden, führten selbst den rohen Haufen zu Mord und Plünderung. Fast alle Juden, die in der Taufe das Mittel zu ihrer Rettung gefunden, wurden späterhin nach und nach verbrannt, denn man ließ nicht ab, sie der Vergiftung des Wassers und der Luft zu beschuldigen, auch wurden mit ihnen viele Christen gefoltert und hingerichtet, die ihnen aus Menschenliebe oder Eigennutz Schutz hatten angedeihen lassen.[143] Andere zum Christentum Übergetretene bereuten ihren Abfall, und suchten, ihrem Glauben treu, den Tod.[144]

Der Menschlichkeit und Vernunft C l e m e n s VI. ist auch in dieser Angelegenheit mit ehrender Anerkennung zu gedenken; doch war selbst die höchste kirchliche Macht unzureichend, der zügellosen Wut Einhalt zu tun. Er beschützte nicht nur die Juden in Avignon, so viel er vermochte, sondern erließ auch zwei Bullen, in denen er sie für unschuldig erklärte, und die christlichen Völker, wenn auch ohne Erfolg, ermahnte, von einer so grundlosen Verfolgung abzustehen.[145] Auch Kaiser K a r l IV. war ihnen günstig, und suchte das Verderben von ihnen abzuwenden, wo er nur immer konnte; doch durfte er nicht das Schwert der Gerechtigkeit ziehen, und sah sich sogar genötigt, dem Eigennutz der böhmischen Edelleute nachzugeben, die eine so erwünschte Gelegenheit nicht unbenutzt lassen wollten, sich ihren jüdischen Gläubigern mit Hilfe eines kaiserlichen Mandates zu entziehen.[146] Herzog A l b e r t von Oestreich brandschatzte und plünderte seine

---

[142] Guillem de Nang. – Dlugoss a. a. o.
[143] Albert. Argentinens.
[144] Spangenberg beschreibt eine solche Szene in Kostnitz.
[145] Guillelm. de Nang. – Raynald.
[146] Histor. Landgrav. Thuring. bei Pistor. a. a. O. V. I. p. 948.

Städte, die sich Judenverfolgungen erlaubt hatten, – ein zweckloses und unmenschliches Verfahren, das überdies vom Verdachte der Habsucht nicht frei ist, – doch konnte er in seiner eigenen Feste Kyburg einige hundert aufgenommene Juden nicht schützen, die von den Einwohnern schonungslos verbrannt wurden.[147] Noch einige andere Fürsten und Grafen, wie Ruprecht von der Pfalz, nahmen sich der Juden gegen großes Schutzgeld an; dafür nannte man sie aber Judenherren, und sie gerieten in Gefahr, von dem Volke und ihren mächtigen Nachbarn bekämpft zu werden.[148] Den Verfolgten und Gemißhandelten blieb zuletzt, wenn nicht Menschenfreunde auf eigene Gefahr sich ihrer erbarmten, oder ihnen Reichtümer zu Gebote standen, sich Schutz zu verschaffen, keine Freistätte, als das ferne Litauen, wo der Herzog von Polen, Boleslav V. (1227 – 1279) ihnen schon früher Gewissensfreiheit bewilligt hatte, und König Casimir der Große (1333 – 1370), den Bitten seiner jüdischen Geliebten Esther nachgebend, sie aufnahm und ihnen ferneren Schutz angedeihen ließ,[149] woher dies Land noch gegenwärtig von einer großen Anzahl Juden bewohnt wird, die, wenn irgend eine Völkerschaft in Europa, die Erinnerung an das Mittelalter in eigentümlicher Abgeschlossenheit festgehalten haben.

---

[147] Anonym. Leobiens. bei Pez, a. a. O.

[148] Spangenberg. In der Mark ging es den Juden nicht besser als in ganz Deutschland. Markgraf Ludwig der Römer begünstigte sogar ihre Verfolgung, worüber Kehrberg a. a. O. S. 241. folgende urkundliche Nachricht erhalten hat: „Coram cunctis Christi fidelibus praesentia percepturis, ego Johannes dictus de Wedel, Advocatus inclyti Principis Domini Ludovici Marchionis, publice profiteor et recognosco, quod nomine Domini mei civitatem Königs berg visitavi et intravi, et ex parte Domini Marchionis Consulibus ejusdem civitatis in adjutorium mihi assumtis, Judaeos inibi mo rantes igne cremavi, bonaque omnia eorundem Judaeorum ex parte Domini mei totaliter usurpavi et assumsi. In cujus testimonium praesentibus meum sigillum appendi. Datum A. D. 1351. in Vigilia S. Matthaei Apostoli"

[149] Basnage, Histoire des Juifs. A la Haye 1716. 8. Tome IX. Part. 2. Liv. IX. Chap. 23. §. 12. 24. p. 664. 679. – Über den Zustand der Juden im Mittelalter gewährt dies ausgezeichnete Werk genügende Belehrung. Vergl J. M. Jost, Geschichte der Israeliten seit der Zeit der Maccabäer bis auf unsere Tage. Th. VII. Berlin 1827. 8. S. 8. 262.

Noch einmal auf die Beschuldigungen gegen die grausam Verfolgten zurückzukommen, so ging in ganz Europa die Rede, die Juden ständen mit geheimen Vorstehern in Toledo in Verbindung, deren Anordnungen sie befolgten, und von denen sie Befehle erhielten über Vergiftung, Falschmünzerei, Ermordung von Christenkindern u. dgl.[150] Das Gift bekämen sie über See, aus fernen Landen, bereiteten es aber auch selbst aus Spinnen, Eulen und anderen giftigen Tieren. Das Geheimnis wäre aber, um nicht verraten zu werden, nur ihren Rabbinern und Reichen bekannt.[151] Augenscheinlich waren es nur wenige, die eine so abenteuerliche Beschuldigung nicht für gegründet hielten, es spricht sich sogar in vielen Schriften des vierzehnten Jahrhunderts große Erbitterung gegen die vermeinten Giftmischer aus, die das furchtbare Vorurteil recht deutlich erkennen läßt. Unglücklicherweise entlockte die Folter, nach den Geständnissen der ersten Schlachtopfer in der Schweiz, deren noch andere an vielen Orten. Einige bekannten sogar, Giftpulver in Beuteln aus Toledo und Verhaltungsbefehle durch heimliche Boten erhalten zu haben, auch fand man nicht selten Beutel dieser Art in den Brunnen, doch ermittelte sich auch nicht selten, daß Christen sie hineingeworfen, wahrscheinlich um Mord und Plünderung zu veranlassen, wie denn Ähnliches auch bei den Hexenverfolgungen nachgewiesen werden kann.[152]

---

[150] Albert. Argentin.

[151] Hermann. Gygas, a. a. O.

[152] Man sehe hierüber Königshoven, der die schätzbarsten Originalverhandlungen aufbewahrt hat. Die wichtigsten sind zehn peinliche Verhöre eben so vieler Juden zu Chillon, am Genfer See, gehalten im September und Oktober 1348. (Im Anhange) Sie förderten die abenteuerlichsten Bekenntnisse zu Tage, und bestätigten auf dem sogenannten Wege Rechtens den blutdürstigen Wahn, der die Scheiterhaufen anzündete. Abschriften dieser Akten wurden nach Bern und Straßburg geschickt, wo sie die ersten Judenverfolgungen in Gang brachten. – Ferner die Urkunde über ein Schutz- und Trutzbündnis des Bischofs von Straßburg, Berthold von Götz, und vieler mächtigen Grafen und Herren, zu Gunsten der Stadt Straßburg gegen Kaiser Karl IV. Dieser sah sich dadurch genötigt, der Stadt Straßburg eine Amnestie wegen der Judenverfolgungen zu be willigen, die man in unseren Zeiten einer Kaiserkrone für unwürdig halten würde. Einiger anderen Aktenstücke

Diese Darstellung bedarf keiner weitern Zusätze. Ein lebendiges Bild der schwarzen Pest und des moralischen Elendes in ihrem Gefolge wird hiernach dem Kenner der Natur und der menschlichen Gesellschaft deutlich vorschweben. Über das Leben und die Zerrüttung in dem Innern der Häuser während dieser Weltseuche haben wir fast nur aus Italien glaubwürdige Nachrichten von guter Hand, welche der Vorstellung von dem Zustand der Familien in ganz Europa, bei Erwägung des Volkstümlichen in jedem Lande, zu Hilfe kommen können. „Als das Übel allgemein geworden war" (es ist von Florenz die Rede), „da verschlossen sich die Herzen der Einwohner der Menschenliebe. Sie flohen die Kranken, und alles, was ihnen angehörte, und hofften auf diese Weise sich zu retten. Andere verschlossen sich mit ihren Weibern, Kindern und Gesinde in ihre Häuser, aßen und tranken, was köstlich und teuer war, aber mit äußerster Mäßigkeit und mit Beseitigung alles Überflusses. Niemand erhielt zu ihnen Zutritt, keine Todes- und keine Krankennachricht durfte ihnen hinterbracht werden, im Gegenteil vertrieben sie sich die Zeit mit Gesang, Musik und mancherlei anderer Kurzweil. Andere dagegen hielten dafür, viel Essen und Trinken, Vergnügen aller Art und Befriedigung aller Neigungen sei, mit leichtem Sinn über alles, was da vorfiel, verbunden, die beste Arznei, und handelten auch danach. Sie wanderten Tag und Nacht von einem Wirtshause zum andern, und zechten ohne Maß und Ziel, so viel sie gelüstete. Auf diese Weise wichen sie stets, so gut es gehen wollte, jedem Kranken aus, und überließen Haus und Gut dem Zufall, wie Menschen, deren Todesstunde geschlagen hat. Unter diesem allgemeinen Jammer und Elende war in der Stadt die Kraft und das Ansehen göttlichen und weltlichen Gesetzes verschwunden. Die meisten Beamten waren an der Pest gestorben, oder lagen krank, oder hatten so viele Glieder ihrer Familie verloren, daß sie keine Dienste verrichten konnten; daher tat von nun an ein Jeder, was ihm beliebte. Andere wählten in ihrer Lebensweise einen Mittelweg. Sie aßen und tranken nach Gefallen, gingen aus und trugen wohlriechende Blumen, Kräuter oder Gewürze mit sich herum, an

---

nicht zu gedenken, die nicht weniger deutlich den Geist des vierzehnten Jahrhunderts bezeichnen. S. 1021 f.

denen sie von Zeit zu Zeit rochen, in der Meinung, dadurch das Haupt zu stärken, und den schädlichen Einfluß der durch die vielen Pestleichen und Kranken faul gewordenen Luft abzuwehren. Andere trieben die Vorsicht noch weiter, und dachten, kein besseres Mittel dem Tode zu entrinnen, sei, als zu fliehen. Diese verließen daher die Stadt, ihre Wohnungen, ihre Verwandten, und zogen, Weiber wie Männer, auf das Land. Dennoch starben auch viele von diesen, und zwar gewöhnlich einsam und von aller Welt verlassen, weil sie früher selbst das Beispiel dazu gegeben hatten. So geschah es denn, daß nun bereits ein Bürger den andern, ein Nachbar den andern, der Verwandte den Verwandten floh, oder unbesucht ließ, und zuletzt (so weit hatte der Schrecken alle Gefühle erstickt) der Bruder den Bruder, die Schwester die Schwester, die Gattin den Mann, und endlich sogar der Vater seine eigenen Kinder verließ, und unbesucht und ungepflegt ihrem eigenen Schicksal preisgab! Also blieben alle jene, welchen Hilfe gebrach, die Beute einiger habsüchtigen Dienstboten, die um hohen Lohn den Kranken bloß Speise und Arznei reichten, und bei ihrem Tode zugegen waren, aber nicht selten unmittelbar ein Raub des Todes, und ihres schändlichen Gewinnes nicht froh wurden. Da erlosch auch alle Scham und Zucht bei den Hilflosen. Frauen und Jungfrauen vergaßen des Schamgefühls, und überließen die Sorge ihres Körpers ohne Unterschied Weibern und Männern des niedrigsten Standes. – Die Frauen, Verwandten und Nachbarn fanden sich nicht mehr wie sonst im Hause des Verstorbenen ein, um mit den Angehörigen desselben Leid zu tragen. Die Leichname wurden nicht mehr von den Nachbarn, nicht von einer zahlreichen Priesterschaft, unter Gesang und mit brennenden Wachskerzen, zu Grabe begleitet und von anderen Bürgern ihres Standes hinausgetragen. Viele starben ohne eines Menschen Gegenwart an ihrem Sterbebette, und nur sehr wenige waren so glücklich, unter Tränen und Beileid ihrer Freunde und Verwandten von hinnen zu scheiden. An die Stelle des Schmerzes und der Trauer war Gleichgültigkeit, Lachen und Scherz getreten, weil man dies, und zwar besonders von Seiten des Frauenvolkes, für heilsam hielt. Selten folgten zehn oder zwölf Begleitende dem Sarge, und an die Stelle der gewöhnlichen Leichenträger und Totengräber waren gedungene Menschen von der niedrigsten

Volksklasse getreten, die um den Lohn das Geschäft übernahmen, und von wenigen Priestern, oft ohne eine einzige Kerze, begleitet, den Leichnam in die erste nächste Kirche trugen, und dort in das nächste beste Grab versenkten, das noch Raum für denselben hatte. – Unter der Mittelklasse, besonders aber unter dem gemeinen Volke, war das Elend noch weit größer. Da blieben die allermeisten entweder aus Armut oder aus Sorglosigkeit in ihren Wohnungen oder den nächsten Umgebungen, und starben daher zu Tausenden dahin. Viele endeten bei Tage oder bei Nacht ihr Leben auf der Straße. Von vielen gab erst der Gestank ihrer verwesenden Leichname die Kunde des Todes den Nachbarn. Um nicht angesteckt zu werden, ließen diese gewöhnlich die Leichen aus den Wohnungen wegnehmen, und vor die Haustüre legen, wo jeden Morgen der Vorübergehende ganze Reihen derselben antreffen konnte. Man hatte nicht mehr für jeden Leichnam seine Bahre; gewöhnlich wurden deren drei und vier zusammengelegt, und es geschah, daß Gatte und Gattin, Vater und Mutter, samt zwei bis drei Söhnen, miteinander in derselben Bahre zu Grabe getragen wurden. Oft ereignete es sich, daß zwei Priester unter Vortragung des Kreuzes einen Sarg begleiteten, auf dem Wege aber vier bis fünf andere an den Zug sich anschlossen, so daß nun statt eines einzigen Toten, fünf bis sechs zu begraben waren."

So weit Boccaccio. Über das Verhalten der Priester bemerkt ein anderer Zeitgenosse,[153] in kleinen und großen Städten hätten sie sich furchtsam zurückgezogen, einigen Pflichttreuen und Mutvollen die geistlichen Verrichtungen überlassend. Auf den ganzen geistlichen Stand kann dies ebensowenig ein nachtheiliges Licht werfen, als ähnliche Beweise von Furcht und Herzlosigkeit auf die übrigen Stände. Die wohltätigen Orden haben sich während der schwarzen Pest trefflich bewährt, und so viel Gutes gestiftet, als einzelnen Körperschaften in Zeiten so großer Not und Verderbnis verstattet ist, wo Ergebung, Mut und edle Gefühle nur bei wenigen angetroffen werden, und Kleinmütigkeit, Selbstsucht und böser Wille, mit verwandten Leidenschaften im Gefolge, die Herrschaft behaupten. Es war so viel Frevelhaftes und in so großer Ausdehnung geschehen, daß die Blüten früherer Entwickelung verwelk-

[153] Guillelm. de Nangis. p. 110.

ten, und die Menschheit in den nächsten Geschlechtern ein böses Gewissen zurückbehielt.

6. Die Ärzte.

WENDEN wir uns jetzt zu der ärztlichen Einsicht, welche dem „großen Sterben" entgegentrat, so muß das Mittelalter Entschuldigung finden, wenn selbst Neuere der Meinung sind, daß die Kunst des Arztes der morgenländischen Pest nicht gewachsen sei, und nur unter äußerst günstigen Umständen Rettung bringen könne.[154] Auch möge man wohl bedenken, daß menschliche Wissenschaft und Kunst in großen Weltseuchen überaus ohnmächtig erscheinen, weil sie mit Naturkräften in Kampf geraten, die sie nicht kennen, und die, wenn sie auch je in ihrem Gesamtwirken begriffen worden wären, oder begriffen werden könnten, ihnen doch immer unerreichbar bleiben würden, vornehmlich bei ungeordnetem Zustande der menschlichen Gesellschaft. Überdies hat jede neue Seuche ihr Eigentümliches, das auf den ersten Blick um so weniger durchschaut werden kann, als während der Niederlagen Furcht und Bestürzung den stolzen Geist demütigen. Die Ärzte des vierzehnten Jahrhunderts haben während der schwarzen Pest geleistet, was bei dem Zustand ihrer Heilkunde menschlicher Einsicht möglich war, und ihre Erkenntnis der großen Krankheit war keineswegs gering. Sie haben nach Menschenart Vorurteile gehegt, und diese vielleicht zu hartnäckig verteidigt; einige dieser Vorurteile lagen aber in der Denkweise des Jahrhunderts, und galten als unbezweifelte Wahrheit, andere bestehen noch bis auf diese Stunde fort. Ihre Nachkommen im neunzehnten Jahrhundert mögen daher die Vorzüge ihres Wissens nicht zu hoch anschlagen, auch sie werden dereinst strenger Beurteilung nicht entgehen, auch sie wird man mit Grund menschlicher Schwäche und Kurzsichtigkeit beschuldigen.

Die medizinische Fakultät zu Paris, die berühmteste des vierzehnten Jahrhunderts, erhielt den Auftrag, über die Ursachen der schwarzen Pest und eine zweckmäßige Lebensordnung während

---

[154] „Curationem omnem respuit pestis confirmata." Chalin, pag. 33.

ihres Herrschens, ihr Gutachten abzugeben. Dies ist merkwürdig genug, um hier eine Stelle zu finden:

„Wir, die Mitglieder des Collegiums der Ärzte zu Paris, haben nach reiflicher Überlegung und Beratung über das jetzige Sterben, den Rat unserer alten Meister in der Kunst eingeholt, und wollen hiermit die Ursachen dieser Pestilenz deutlich und offener an den Tag legen, als es nach den Regeln und Grundsätzen der Astrologie und Naturwissenschaft geschehen könnte. Demnach erklären wir: Es ist bekannt, daß in Indien, in der Gegend des großen Meeres, die Gestirne, welche die Strahlen der Sonne und die Wärme des himmlischen Feuers bekämpften, ihre Macht besonders gegen jenes Meer ausübten, und mit seinen Gewässern heftig stritten. Daher entstehen oft Dämpfe, welche die Sonne verhüllen, und ihr Licht in Finsternis verwandeln. Diese Dämpfe wiederholten ihr Auf- und Niedersteigen 28 Tage lang unaufhörlich, aber am Ende wirkten Sonne und Feuer so gewaltig auf das Meer, daß sie einen großen Teil desselben an sich zogen, und sich das Meeres-Gewässer in Dampfsgestalt emporhob. Dadurch wurden nun in einigen Gegenden die Gewässer dermaßen verdorben, daß die Fische in denselben starben. Dieses verdorbene Wasser aber konnte die Sonnenhitze nicht verzehren, und ebensowenig konnte anderes gesundes Wasser, Hagel, oder Schnee und Reif daraus entstehen. Vielmehr verbreitete sich dieser Dampf durch die Luft in viele Weltgegenden, und hüllte dieselben in Nebel ein. Solches geschah in ganz Arabien, einem Teile von Indien, auf Kreta, in den Ebenen und Tälern von Makedonien, in Ungarn, Albanien und Sizilien. Kommt eben dasselbe nun auch noch nach Sardinien, so bleibt kein Mensch am Leben, und das gleiche wird auch auf allen Inseln und in den anstoßenden Ländern der Fall sein, wohin dieser verdorbene Seewind aus Indien kommt, oder bereits gekommen ist, so lange die Sonne im Zeichen des Löwen steht. Wenn die Bewohner jener Gegenden nicht nachfolgende, oder ähnliche Mittel und Vorschriften anwenden und befolgen, so künden wir ihnen den unausbleiblichen Tod an, wenn anders die Gnade Christi ihnen das Leben nicht erhält.“

„Wir sind des Dafürhaltens, daß die Gestirne mit Hilfe der Natur sich bestreben, durch ihre göttliche Macht das Menschengeschlecht zu schützen und zu heilen, sofort mit den Sonnenstrahlen den Nebel zu durchbrechen, durch die Kraft des Feuers wirkend. Es wird demnach binnen zehn Tagen, und bis zum 17. nächsten Monats Juli, dieser Nebel sich in einen stinkenden, schädlichen Regen verwandeln, wodurch die Luft wieder sehr gereinigt werden wird. Sobald nun dieser Regen sich durch Donner oder Hagel ankündigt, soll jedermann von euch sich vor der Luft hüten, und sowohl vor als nach dem Regen starkes Feuer von Rebholz, grünem Lorbeer oder anderem grünen Holz anzünden. Auch soll man Wermut und Chamomillen in großer Quantität auf den öffentlichen Plätzen, in anderen stark bewohnten Gegenden, und in den Häusern verbrennen. Bevor nun die Erde nicht ganz wieder ausgetrocknet ist, und noch drei Tage danach, soll niemand auf das Feld gehen. Während dieser Zeit soll man nicht vielerlei Speise zu sich nehmen, und sich vor der Kühle des Abends, der Nacht und des Morgens in Acht nehmen. Schwimmendes oder fliegendes Geflügel, junge Schweine, altes Ochsenfleisch, und überhaupt fettes Fleisch soll man nicht essen. Dagegen esse man Fleisch, das sein gehöriges Alter hat, warmer und trockener Natur ist, keinesfalls aber hitzend und reizend. Brühen mit gestoßenem Pfeffer, Ingwer und Gewürznelken versetzt, soll man essen, besonders sollen das jene tun, welche gewohnt sind, mäßig und mit Auswahl zu speisen. Schlafen bei Tage ist nachteilig; man schlafe Nachts bis Sonnenaufgang, oder etwas länger. Zum Frühstück trinke man wenig, das Abendessen nehme man um 23 Uhr, wobei man dann mehr trinken kann, als am Morgen. Zum Getränk bediene man sich klaren, leichten Weines, mit einem Fünftel oder Sechstel Wasser vermischt. Getrocknete oder frische Früchte mit Wein genossen, schaden nicht, aber ohne Wein werden sie tödlich. Rote Rüben und anderes Gemüse, eingemacht oder frisch genossen, ist schädlich. Dagegen sind gewürzhafte Kräuter, als: Salbei oder Rosmarin, sehr gesund. Der Genuß kalter, feuchter, wäßriger Speisen ist größtenteils nachteilig. Ausgehen bei Nacht, und zwar bis zur dritten Stunde nach Mitternacht, ist des Reifes wegen lebensgefährlich. Von Fischen soll man nur kleine und aus Flüssen kommende essen. Zu viel Bewegung ist nachteilig; man halte sich mehr warm, als gewöhnlich, und schütze sich so vor Feuchtigkeit und Kälte. Mit Regenwasser soll man nicht kochen, und jedermann hüte sich vor dem Regen. Regnet es, so genieße man nach

Tische etwas feinen Theriak. Wer fett ist, setze sich der Sonne nicht aus. Man wähle nur guten, feinen Wein, trinke des Tages öfter, aber jedesmal nur wenig. Olivenöl zur Speise ist tödlich. Ebenso nachteilig sind Fasten oder übermäßige Enthaltsamkeit, Gemütsunruhe, Zorn und unmäßiges Trinken."

„Die jungen Leute haben insbesondere sich im Herbst von allen diesen Dingen zu enthalten, wenn sie nicht Gefahr laufen wollen, an der Dysenterie zu sterben. Um den Leib gehörig offen zu erhalten, soll man, wenn es nötig wird, ein Klistier oder andere leichte Mittel anwenden. Bäder sind schädlich. Der Weiber muß man sich bei Todesgefahr enthalten, und denselben weder beiwohnen, noch mit ihnen in einem Bette schlafen. Das soll sich jedermann wohl gesagt sein lassen, besonders jene, die am Meere oder auf einer Insel wohnen, wohin der schädliche Wind gedrungen ist."[155]

Auf welche Veranlassung dies abenteuerliche Gutachten ausgearbeitet worden sei, kann nicht mehr ausgemittelt werden, wenn selbst daran gelegen wäre, es zu wissen. Offenbar gereicht es aber weder der Pariser Fakultät, noch überhaupt dem vierzehnten Jahrhundert zur Ehre. Die berühmte Fakultät befand sich in der peinlichen Lage, auf Verordnung weise zu sein, und einen Kernschuß von Gelehrsamkeit nach einem Feinde zu tun, der sich in düstere Nebel hüllte, von dessen Natur sie keine Ahnung hatte. Sie ließ sich daher verleiten, ihre Unwissenheit mit absprechenden Behauptungen zu verdecken, und indem sie der Welt in ihrem Glanze erscheinen wollte, zeigte sie sich den Verständigen in kläglicher Schwäche. Nun möchten wohl einige glauben, daß bei dem Zustande der Wissenschaften im vierzehnten Jahrhunderte überhaupt keine verständigen Ärzte gelebt haben; aber das ist ganz gegen die Gesetze menschlicher Entwickelung, und widerstreitet der Geschichte. Die wahre Einsicht eines Zeitalters zeigt sich allein in seiner Literatur: hier legen die Besten die Früchte ihrer Erfahrungen und ihres Nachdenkens nieder, ohne Eigenliebe und selbstsüchtige Zwecke, hier allein redet der Genius der Wahrheit vernehmbar. Es ist kein Grund vorhanden, zu glauben, daß Män-

---

[155] Jacob. Francischini de Ambrosiis. Im Anhange der Istorie Pistolesi, bei Muratori, Tom. XI. p. 528.

ner dieser Art im vierzehnten Jahrhundert um ihre Ansicht öffentlich befragt worden wären: um so mehr muß die unbestechliche Geschichte sich ihrer annehmen und ihnen Gerechtigkeit widerfahren lassen.

Die erste Stimme in dieser Angelegenheit gebührt einem sehr berühmten Lehrer in Perugia, Gentilis von Foligno, der am 18. Juni 1348 als Opfer seiner Pflicht treue von der Pest weggerafft wurde.[156] Arabischen Vorbildern und dem allverehrten Galen ergeben, glaubte er, wie alle seine Zeitgenossen, an eine faulige Verderbnis des Blutes in den Lungen und im Herzen, die von der verpestenden Atmosphäre veranlaßt werde, und sich alsbald dem ganzen Körper mitteilte. Es schien ihm daher alles auf hinreichende Luftreinigung durch große Loderfeuer aus wohlriechendem Holze, in der Nähe der Gesunden wie der Kranken, und nicht minder auf eine zweckmäßige Lebensordnung anzukommen, damit die Fäulnis die Kranken nicht überwältige. Althergebrachten Begriffen gemäß verließ er sich auf anfängliche Reinigungsaderlässe und Abführungen, verordnete den Gesunden, sich häufig mit Essig oder Wein zu waschen, ihre Wohnungen mit Essig zu scheuern, und oftmals an Kampfer oder anderen flüchtigen Stoffen zu riechen. Hierüber gab er in arabistischer Weise weitläufige Vorschriften, mit großem Aufwande verschiedenartiger Arzneien, von deren Heilkräften wundersame Dinge geglaubt wurden. Von superlunarischen Einflüssen hielt er wenig, sofern es ihm auf die Krankheit selbst ankam; deshalb ließ er sich auch auf die großen Streitigkeiten der Astrologen nicht ein, sondern behielt nur immer als ärztlichen Gegenstand die Vergiftung des Lungen- und Herzblutes im Auge. Er glaubte an eine fortschreitende Verpestung von Land zu Land, wie diese noch heutigen Tages angenommen werden müßte, und die Ansteckungskraft des Übels, selbst in der Nähe der Pestkranken, war ihm außer allem Zweifel.[157] Hierin waren überhaupt alle verständigen Zeitgenossen eines Sinnes, auch erforderte es wohl keiner großen Geistesgaben, von

---

[156] Gentilis de Fulgineo Consilia. De peste Cons. I, II. sol. 76. 77. Venet. 1514. fol.

[157] ") – „venenosa putredo circa partes cordis et pulmonis de qui bus exeunte venenoso vapore, periculum est in vicinitatibus" Cons. I. fol. 76 a.

einem so handgreiflichen Augenschein sich überzeugen zu lassen. Überdies stammen richtige Begriffe über Ansteckung schon aus dem fernen Altertum, und waren in das vierzehnte unverändert übergegangen. Schon in Platos Zeitalter war die Kenntnis der Ansteckungskraft bösartiger Augenentzündungen, an der auch im Mittelalter kein Arzt zweifelte,[158] allgemein unter dem Volke;[159] doch haben in neuer Zeit die Chirurgen große Bände mit einseitigen Streitigkeiten hier über gefüllt. Die ganze Sprache des Altertums hatte sich den Begriffen des Volkes über Ansteckung von pestartigen Krankheiten angeschlossen, und ihre Bezeichnungen waren ohne Vergleich sinnreicher, als in den Zungen neuerer Völker.[160]

Anordnungen zum Schutz der Gesunden gegen ansteckende Krankheiten, deren Notwendigkeit sich aus diesen Begriffen ergibt, wurden von den Völkern des Altertums als nützlich angesehen, und von vielen, deren Verhältnisse es gestatteten, in ihren Häusern ausgeführt. Es wurde selbst eine vollständige Absonderung der Kranken von den Gesunden, dies unerläßliche Schutzmittel gegen Berührungsansteckung, von Ärzten im zweiten Jahrhundert n. Chr. in Vorschlag gebracht, damit der Verbreitung des Aussatzes Einhalt geschähe; aber man erklärte sich entschieden dagegen, weil die Heilkunst einer solchen Härte sich nicht schuldig machen dürfe.[161] Diese Milde im Altertum, in dessen Sinnesart Unmenschlichkeit so oft und so unverhüllt hervortritt, könnte Verwunderung erregen, wenn sie nicht bloß scheinbar wäre. Der wahre Grund der Unterlassung öffentlichen Schutzes gegen pestartige Krankheiten lag in der ganzen Idee und Verfassung der menschlichen Gesellschaft, er lag in der Nichtachtung des Menschenlebens, von welcher die großen Völker des Altertums auf jeder Seite ihrer Geschichte Beweise gegeben haben. Man glaube ja nicht, daß diesen die Einsicht über die Verbreitung ansteckender

---

[158] Lippitudo contagione spectantium oculos afficit. – Chalin de Vinario p. 149.

[159] S. des Verf. Geschichte der Heilkunde. Bd. II. S. 111.

[160] Vergl. Marx, Origines contagii. Caroliruh. et Bad. 1824. 8.

[161] Cael. Aurelian Chron. L. IV. c. 1. p. 497. Ed. Amman. „Sed hi aegrotantem destituendum magis imperant, quam curandum, quod a se alienum humanitas approbat medicinae."

Krankheiten abgegangen sei. Sie war vielmehr bei ihnen so voll ständig und wohlbegründet, wie nur irgend in neueren Zeiten; aber sie trat nur hervor, wo das Eigentum, nicht wo Menschenleben im Großen zu schützen war. Daher hemmte man im Altertum die Viehseuchen ganz allgemein durch Absonderung der gesunden von den erkrankten Tieren. Die Herden allein erfreuten sich des Schutzes gegen ansteckende Krankheiten, den man in der menschlichen Gesellschaft für unausführbar hielt, weil man ihn nicht anwenden wollte.[162] Daß die Staaten im vierzehnten Jahrhundert noch nicht so weit fortgeschritten waren, um allgemeine Maßregeln zur Hemmung der Pest in Ausführung zu bringen, bedarf wohl keines besonderen Beweises. Die Ärzte konnten daher nur öffentliche Luftreinigung durch große Feuer anraten, wie dies auch im Altertum oftmals in Anwendung gekommen war, und mußten den einzelnen Familien es überlassen, entweder in der Flucht ihr Heil zu suchen, oder sich in ihre Wohnungen einzuschließen,[163] ein Mittel, das in gewöhnlichen Pesten ausreicht, hier aber keine vollkommene Sicherheit gewährte, weil während der größten Wut der Seuche die Pestluft ganze Städte durchdrang.

Von astralischen Einflüssen, welche das große Sterben hervorgebracht haben sollten, waren Ärzte und Gelehrte so vollkommen überzeugt, wie vom Augenschein des Wirklichen. Allgemein wurde eine große Conjunction der drei oberen Planeten, Saturn, Jupiter und Mars, im Zeichen des Wassermannes, welche nach Guy von Chauliac am 24. März 1345 erfolgt war, als Hauptursache der schwarzen Pest angenommen. In der Angabe des Tages stimmte dieser, in die Astrologie tief eingeweihte Arzt mit anderen nicht überein, woraus sich mannigfache, für das Zeitalter wichtige, für uns aber gleichgültige Streitigkeiten entspannen; darin kam man jedoch überein, daß Conjunctionen von Planeten die untrüg-

---

[162] Geschichte der Heilkunde, Bd. II. S. 248.

[163] Chalin versichert ausdrücklich, daß viele Nonnenklöster bei verschlossenen Pforten von der Ansteckung frei geblieben wären. Bemerkenswert ist es, und den herrschenden Begriffen ganz angemessen, daß man allgemein den Aufenthalt in dicker, feuchter Luft für zuträglicher und schützender hielt, weil sie dem astralischen Einfluß undurchdringlicher sei, indem die niedere Ursache die höhere abhalte. Chalin. p. 48.

lichsten Vorzeichen mächtiger Begebenheiten wären, großer Umwälzungen der Reiche, neuer Propheten, mörderischer Seuchen
und anderer Dinge, welche die Menschen in Angst und Schrecken
setzen. Kein ärztlicher Schriftsteller des vierzehnten und fünfzehnten Jahrhunderts vergißt sie unter den allgemeinen Vorboten
großer Seuchen aufzuführen, wenn die Gelegenheit sich darbietet.
Wir unseres Teils können die Astrologie des Mittelalters nicht für
eine bloße Ausgeburt des Aberglaubens halten. Sie hat nicht nur
eine hohe historische Bedeutung, wie alle Ideen, welche die
Menschen begeistern und leiten, ganz abgesehen von Irrtum oder
Wahrheit – denn der Einfluß beider ist gleich mächtig –, sondern
es erhielten sich auch in ihr, wie in der Alchemie, großartige
Gedanken des Altertums, deren sich die neuere Naturphilosophie
so wenig schämt, daß sie dieselben als ihr Eigentum in Anspruch
nimmt. Hierher gehört vor allem die Idee von dem allgemeinen
Leben, das sich durch das ganze Weltall ergießt, ausgesprochen
von den größten hellenischen Weisen, und vererbt auf das Mittelalter durch die neuplatonische Naturphilosophie. Dieser Ahnung eines Weltorganismus konnte die Annahme eines gegen-
seitigen Einflusses der Weltkörper[164] nicht fremd bleiben, die nur
erst aufhörte, einer höheren Naturansicht zu entsprechen, als die
Astrologen mit kleinlichen und mystischen Berechnungen die
Grenzen menschlicher Erkenntnis überschritten.

Guy von Chauliac hielt den Einfluß der Conjunction, den
man sich als ganz dynamisch vorstellte, für die höhere allgemeine
Ursache der schwarzen Pest; die krankhafte Beschaffenheit der
Körper, Verderbnis der Säfte, Schwäche, Verstopfung u. dgl., für
die besondere, unter geordnete.[165] Durch jene wurde seiner
Meinung nach die Beschaffenheit der Luft und der übrigen Elemente so verändert, daß sie, gleichwie der Magnet Eisen anzieht,
giftige Säfte nach den inneren Teilen des Körpers in Bewegung
setzte, woraus anfänglich Fieber und Blutspeien, späterhin aber
Ablagerung in Form der Drüsen und Brandbeulen entstand.

---

[164] Man nannte denselben Affluxus oder Forma specifica, und
verglich ihn mit der Wirkung des Magnets auf das Eisen und des
Bernsteins auf die Spreu. Chalin de Vinar. p. 23.
[165] Causa universalis agens – causa particularis patiens. – Dem entsprechen bei Chalin die Ausdrücke Causa superior et inferior.

Hierin lag der Begriff der epidemischen Constitution klar und zeitgemäß ausgesprochen. Von der Ansteckung war G u y v o n C h a u l i a c vollkommen überzeugt, suchte sich selbst dagegen durch die gebräuchlichen Mittel zu schützen,[166] und wahrscheinlich war er es, der dem Papst C l e m e n s VI. den Rat erteilte, sich für die Dauer der Seuche einzuschließen. Für die Stadt Avignon aber war die Erhaltung dieses Papstes überaus segensreich, denn er überhäufte die Armen mit zweckmäßigen Wohltaten, sorgte für gute Krankenwärter, und besoldete selbst Ärzte, um zu helfen, wo menschliche Kräfte nützen konnten, eine Einrichtung, deren sich vielleicht keine andere Stadt zu erfreuen hatte.[167] Nun war aber die Behandlung der Pestkranken in Avignon keineswegs verwerflich, denn nach den gebräuchlichen Aderlässen und Abführungen, wo die Umstände diese oder jene erforderten, suchte man die Drüsen zu zeitigen, die Brandbeulen aber schnitt man ein, oder brannte sie mit dem Glüheisen, ein Verfahren, das zu allen Zeiten sich als hilfreich bewährt, und in der schwarzen Pest Unzählige erhalten hat. Am meisten wurden in dieser Stadt die in tierischer Unreinlichkeit lebenden Juden und die Spanier heimgesucht, welche Chalin großer Unmäßigkeit bezichtigt.[168]

Noch deutlichere Begriffe über die Ursachen der Pest trug G a l e a z z o d i S a n t a S o f i a seinen Zeitgenossen im vierzehnten Jahrhundert vor, ein Paduanischer Gelehrter, der auch in Wien, jedoch unbestimmt, in welchem Jahre, Pestkranke behandelt hat.[169] Er unterscheidet sorgfältig die P e s t i l e n z von der E p i d e m i e und E n d e m i e. Der Gesamtbegriff der beiden ersten fällt genau mit dem von epidemischer Constitution zusammen, denn

---

[166] Abführungen mit Aloepillen, Aderlaß, Luftreinigung durch große Feuer, Gebrauch des Theriaks, häufiges Riechen an flüchtigen Stoffen, aus denen man eigene „poma" bereitete, Einnehmen von armenischem Bolus, einem von den Arabern herstammenden, und im ganzen Mittelalter eben so beliebten als gemißbrauchten Pestmittel, und Genuß säuerlicher Dinge, um der Fäulnis zu widerstehen. Die Flucht scheint G. v. C h a u l i a c vielen angeraten zu haben. A. a. O. p. 115. – Vergl. C h a l i n L. II., der hierüber die trefflichsten Vorschriften gibt.

[167] Auger. de B i t e r r i s a. a. O.

[168] L. I. c. 4. p. 39.

[169] Fol. 32. a. a. O.

beide bestehen ihm in einer unbekannten Luftveränderung oder Verderbnis, nur daß die Pestilenz Krankheiten verschiedener Art, die Epidemie dagegen immer dieselbe Krankheit hervor ruft. Als Beispiel einer Epidemie führte er einen Husten (Influenza) auf, welchen man in allen Erdstrichen zu gleicher Zeit ohne wahrnehmbare Ursache beobachtet habe; das Herannahen einer Pestilenz aber erkannte er, abgesehen von ungewöhnlichen Naturerscheinungen, aus dem häufigeren Vorkommen verschiedenartiger Fieber, welchen die neueren Ärzte einen nervösen und fauligen Charakter beilegen würden. Die Endemie entsteht nach ihm nur aus örtlichen tellurischen Veränderungen, aus schädlichen Einflüssen, die sich in der Erde und im Wasser entwickeln, ohne Luftverderbnis. Diese Begriffe wurden zu seiner Zeit verschiedentlich durcheinander geworfen, wie alles von dem menschlichen Verstande durch zu scharfe Grenzlinien Geschiedene; die Würdigung der kosmischen Einflüsse aber in der Epidemie und Pestilenz ist überaus beifallswert, und Santa Sofia stimmt hier nicht nur mit den Einsichtsvollen des vierzehnten und fünfzehnten Jahrhunderts überein, sondern er hat auch einen Gedanken aus gesprochen, der noch gegenwärtig den kaum angefangenen Untersuchungen über kosmische Einflüsse zum Grunde gelegt werden muß.[170] Pestilenz und Epidemie bestehen nicht in Veränderungen der vier ersten Qualitäten,[171] sondern in einer dynamischen, den Sinnen nicht erkennbaren, durchaus immateriellen Luftverderbnis (corruptio aéris non substantialis, sed qualitativa) – in einem Mißverhältnis der Imponderabilien in der Atmosphäre, wie man in neuerer Zeit sich ausdrücken würde.[172] Ursachen der Pestilenz und

---

[170] Galeacii de Sancta Sophia Liber de Febribus. Venet. 1514. fol. (Zusammengedruckt mit Guilelmus Brixiensis, Marsilius de Sancta Sophia, Ricardus Parisiensis. fol. 29 seq.)

[171] Wärme, Kälte, Trockenheit, Feuchtigkeit.

[172] Derselben Überzeugung ist der geistreiche Chalin. „Obscurum interdum esse vitium aeris, sub pestis initia et menses primos, hoc est argumento: quod cum nec odore tetro gravis, nec turpi colore foedatus fuerit, sed purus, tenuis, frigidus, qualis in montosis et asperis locis esse solet, et tranquillus, vehementissima sit tamen pestilentia in festaque, etc. p. 28. – Nicht anders haben sich die neuesten Beobachter der Malaria ausgesprochen.

der Epidemie sind vor allen astralischer Einfluß, besonders bei Conjunctionen von Planeten, ausgebreitete Fäulnis tierischer und vegetabilischer Körper, und tellurische Schädlichkeiten (corruptio in terra), wozu noch außer dem schlechte Nahrung und Mangel das Ihrige beitragen können. Fäulnis der im Meere umgekommenen und wie der ausgeworfenen Heuschrecken, vereint mit astralischem und tellurischem Einfluß, hielt Santa Sofia für die Ursache der Pestilenz in den verhängnisvollen Jahren des großen Sterbens.

Alle Fieber, welche durch Pestilenz hervorgerufen werden, gehören ihm zu den fauligen, denn sie entstehen hauptsächlich durch Fäulnis des Herzblutes, die bei dem Einatmen der verpesteten Luft unvermeidlich ist. Die morgenländische Pest aber wird zwar zuweilen durch Pestilenz veranlaßt (?), welche ihr einen der menschlichen Natur feindlichen Charakter (qualitas occulta) mitteilt, aber bei weitem nicht immer, sondern sie entsteht auch oft aus anderen Ursachen, unter denen dieser Arzt auch die Ansteckung zu würdigen wußte, – wobei noch bemerkt zu werden verdient, daß er Pocken- und Masernepidemien, wie noch gegenwärtig Ärzte und Völker im Orient,[173] für die unverkennbaren Vorboten von Pestseuchen hielt.

In der Aufstellung der therapeutischen Gesichtspunkte der Pest zeigt sich bei Santa Sofia wiederum eine Klarheit des Geistes, die dem Zeitalter zur Ehre gereicht. Es schien ihm anzukommen:

1) auf Ausleerung der fauligen Stoffe durch Abführungen und Aderlässe; doch wollte er diese nicht ohne Unterschied und Überlegung verordnet wissen, am wenigsten wo die Beschaffenheit des Blutes untadelhaft sei; auch erklärte er sich entschieden gegen das Aderlassen bis zur Ohnmacht (venaesectio eradicativa);

2) Stärkung des Herzens und Hinderung der Fäulnis;

3) zweckmäßige Lebensordnung;

4) Luftverbesserung;

5) zweckmäßige Behandlung der Drüsen und Brandbeulen, mit erweichenden, selbst scharfen Umschlägen (Senf, Lilienzwiebeln), sowie mit glühendem Gold und Eisen; endlich

6) Beachtung hervorstechender Zufälle.

---

[173] Vergl. Enr. di Wolmar, Abhandlung über die Pest. Berlin 1827. 8.

Die Vorräte der arabistischen Heilmittellehre, die er zu allen diesen Zwecken in Bewegung setzte, waren allerdings sehr beträchtlich; man bedenke aber wohl, daß größtenteils gelinde Mittel gehäuft wurden, die im Falle des Mißbrauches nicht eben schaden konnten, denn der Charakter der arabischen Heilkunde, deren Grundsätze in dieser Zeit überall befolgt wurden, war Milde und Vorsicht. Deshalb können wir auch nicht glauben, daß eine sehr weitschweifige Abhandlung von Marsigli di Santa Sofia,[174] einem gleichzeitigen Verwandten von Galeazzo, über die Vorbauung und Behandlung der Pest, erheblichen Schaden gestiftet haben möge, wiewohl man viel leicht auch im vierzehnten Jahrhundert eine behagliche Breite und zuversichtliche Behauptungen über Dinge, die kein Sterblicher erforscht hat, oder die zu unterscheiden sehr gleichgültig ist, für Beweise eines kostbaren praktischen Talentes hielt.

Daß die mitgeteilten Ansichten der berühmtesten Ärzte des vierzehnten Jahrhunderts allgemein wurden, zeigt die Übereinstimmung der gleichzeitigen und späteren Schriftsteller. Unter ihnen ist Chalin de Vinario der erfahrenste. Der Astrologie noch mehr als sein berühmter Zeitgenosse ergeben, erkennt er doch auch die große Wirksamkeit tellurischer Einflüsse an, und erklärt sich sehr verständig über die ganz unbestrittene Anstekkung, bemüht, die Pflichtvergessenheit vieler Chirurgen und Ärzte seiner Zeit damit zu entschuldigen.[175] Kühn und der Wahrheit

[174] Tractatus de febribus. fol. 48. b. i. d. a. A.

[175] De Peste Liber, pura latinitate donatus a Jacobo Dalechampio. Lugdun. 1552. 16. p. 40. 188. „Longe tamen plurimi congressu eorum qui fuerunt in locis pestilentibus periclitantur et gravissime, quoniam e causa duplici, nempe et aéris vitio, et eorum qui versantur nobiscum, vitio. Hoc itaque modo fit, ut unius accessu in totam modo familiam, modo civitatem, modo villam, pestis invehatur." Vergl. p. 20: „Solae privatorum aedes pestem sentiunt, si adeat qui in pestilenti loco versa tus est." – „Nobis proximi ipsi sumus, nemoque est tanta occoe catus amentia, qui de sua salute potius quam aliorum sollicitus non sit, maxime in contagione tam cita et rapida." Eine ziemlich lockere Moral, welche niedriger Gesinnung sehr förderlich und der Ehre des ärztlichen Standes sehr gefährlich werden könnte; bei Chalin aber, abgesehen von der Unvermeidlichkeit der Pestansteckung

gemäß sprach er es aus, daß alle epidemischen Krankheiten ansteckend,[176] und alle Fieber epidemisch werden können, was aufmerksame Beobachter aller späteren Jahrhunderte bestätigt haben. Über den Aderlaß äußert er sich mit Einsicht, wie ein vielerfahrener Arzt, doch konnte er begreiflich die Blutgier unwissender Mönche nicht bezähmen. Kranken unter vierzehn Jahren scheute er sich, Blut aus der Ader zu entziehen, nur durch blutiges Schröpfen bekämpfte er bei ihnen entzündliche Aufwallungen, und suchte die Entzündung der Drüsen durch Blutegel zu mäßigen.[177] Die meisten, die man zur Ader gelassen, starben, deshalb sparte er dies Mittel für die Vollblütigen auf, besonders für die päpstlichen Hofleute und die gleißenden Priester, die er sinnlichen Begierden frönen, und während sie Christus pomphaft heuchelten, dem Epikur nachahmen sah.[178] Mit dem Glüheisen wollte er die Beulen nur in der fieberlosen Pest brennen, die in einzelnen Fällen vorkam,[179] immer bereit, die voreiligen Wundärzte zurechtzuweisen, die mit Feuer und scharfen Arzneien den Kranken unersetzlichen Schaden zufügten.[180] Michael Savonarola, Lehrer in Ferrara († 1462), äußert sich über die Empfänglichkeit der Menschen, von der Pest ergriffen zu werden, als der Hauptursache des so verschiedenartigen Erkrankens, wie nur immer neuere Ärzte sich hierüber aussprechen könnten, und die Annahme der Ansteckung war bei ihm in die Begriffbestimmung der Pest übergegangen.[181] Nicht geringerer Beachtung sind die

---

in unreinlichen Wohnungen, darin Entschuldigung findet, daß er sie nicht auf sich selbst angewandt hat.

[176] Morbos omnes pestilentes esse contagiosos, audacter ego equi dem pronuntio et assevero. p. 149.

[177] P. 162. 163.

[178] P. 97. 166. „Qualis (vita) esse soleteorum, qui sacerdotio rum et cultus divini praetextu, genio plus satis indulgent et obse quuntur, ac Christum speciosis titulis ementientes, Epicurum imitantur." Eine im vierzehnten Jahrhundert gewiss denkwürdige Freimütigkeit!

[179] P. 183. 151.

[180] P. 159. 189.

[181] Canonica de Febribus, ad Raynerium Siculum. 1487. s. l. Cap. 10. sine pag. „Febris pestilentialis est febris contagiosa ex ebullitione putrefactiva in altero quatuor humorum cordi propinquo rum principaliter."

Ansichten des berühmten Valescus von Taranta wert, der noch während der letzten Nachwehen des schwarzen Todes, 1382, in Montpellier als Arzt auftrat, und den Nachkommen überlieferte, was sich im fünfzehnten und sechzehnten Jahrhundert in unzähligen Pestschriften wiederholt hat.[182]

Von allen diesen Begriffen und Ansichten über die Pest, deren Entwicklung wir dargestellt haben, treten besonders zwei als historisch wichtig hervor: der Ausspruch gelehrter Ärzte, daß die Pestilenz oder epidemidemische Constitution, die Mutter verschiedenartiger Krankheiten sei, daß die Pest zwar zuweilen, aber doch bei weitem nicht immer aus ihr entstehe, daß, um in der Sprache der Neueren zu reden, die Pestilenz sich zur Ansteckung, wie disponierende Ursache zur Gelegenheitsursache verhalte, – und die durchaus allgemeine Überzeugung von der Ansteckungskraft jener Krankheit. Allmählich faßte man nun die Ansteckung fester ins Auge, man glaubte in ihr die wirksamste Gelegenheitsursache vermeiden zu können, die Möglichkeit, ganze Städte zu schützen, wenn man nur sie abhielte, leuchtete mehr und mehr ein, und so grausenerregend war die Erinnerung an die verhängnisvollen Jahre des großen Sterbens, daß man schon im vierzehnten Jahrhundert, noch ehe die Nachwehen der schwarzen Pest vorüber waren, die Wiederkehr dieses Feindes durch ernsten und wirksamen Schutz zu verhüten suchte. Die erste Verordnung, welche zu diesem Zwecke erlassen wurde, rührt vom Visconte Bernabo her, und ist vom 17. Januar 1374. „Jeder Pestkranke sollte aus der Stadt auf das Feld hinausgebracht werden, um dort zu sterben, oder zu genesen. – Diejenigen, die einem Pestkranken beigestanden, sollten zehn Tage abgesondert bleiben, bevor sie wieder mit jemandem umgingen. – Die Geistlichen sollten die Kranken untersuchen, und den Abgeordneten anzeigen, bei Strafe der Einziehung ihrer Güter und des Scheiterhaufens. – Wer die Pest hereinbrächte, dessen Güter sollten der Kammer verfallen sein. – Endlich sollte, außer den dazu bestimmten Leuten, niemand den Pestkranken beistehen, bei Todesstrafe und Verlust des

---

[182] Valesci de Tharanta Philonium. Lugduni, 1535. 8. L. VII. c. 18. fol. 401 b. seq. – Vergl. Astruc, Mémoires pour servir à l'histoire de la Faculté de médecine de Montpellier. Paris 1767. 4. p. 208.

Vermögens."[183] Diese dem Geiste des vierzehnten Jahrhunderts entsprechenden Befehle sind entschieden genug, um darin Erinnerungen an glückliche Erfolge von Einschließungen und Fernhaltung Pestverdächtiger zu erkennen. Sollte doch Mailand selbst im Jahre 1348 durch strenge Torsperre und Verrammelung dreier Häuser, in denen die Pest ausgebrochen war, sich eine Zeitlang von dem großen Sterben frei erhalten haben,[184] und Beispiele von Erhaltung einzelner Familien durch strenge Absonderung waren gewiß sehr häufig. daß jene Verordnungen durch ungewohnten Zwang allgemeine Betrübnis erregen mußten, wie wir dies namentlich von der Stadt Reggio wissen, ist leicht begreiflich, doch ließ sich B e r n a b o von seinem Vorhaben nicht abschrecken, sondern verbot, als im Jahre 1383 die Pest wiederkehrte, bei Todesstrafe, Menschen aus verpesteten Orten in sein Gebiet einzulassen.[185] Wir haben nun zwar keine Nachricht, wie ihm dies alles gelungen, doch läßt sich voraussetzen, daß er der Pest Grenzen gesetzt habe, denn sie hatte schon längst die Eigenschaft des schwarzen Todes verloren, aus den faulig ergriffenen Lungen den Ansteckungsstoff in die Luft zu verbreiten, und durch eine Überzahl von Kranken die Atmosphäre ganzer Städte zu vergiften. Jetzt, wo sie ihre milderen Formen wieder angenommen hatte, so daß sie nur noch durch Berührung ansteckte, konnte sie ebenso leicht in einzelnen Wohnungen festgebannt werden, wie in neueren Zeiten.

B e r n a b o s Beispiel fand Nachahmung, es war aber auch kein Jahrhundert geeigneter, den Regierungen kräftige Maßregeln gegen die Pest zu empfehlen, als das vierzehnte. Denn es war bereits das sechszehnte Mal, als sie im Jahre 1399 in Italien ausbrach, und immer wieder und wieder ihre Opfer verlangte, häufige Masern und Pockenseuchen gar nicht in Anschlag zu bringen. In eben diesem Jahre verordnete Visconte Johann in milderen

---

[183] Chronicon Regiense, bei M u r a t o r i, Tom. XVIII. p. 82.
[184] Adr. C h e n o t, Hinterlassene Abhandlungen über die ärztlichen und politischen Anstalten bei der Pestseuche. Wien 1798. 8. S. 146. – Nach dieser Zeit war es im Mittelalter gewöhnlich, daß man Türen und Fenster verpesteter Häuser verrammelte, und ihre Bewohner ohne Erbarmen umkommen ließ. S. M ö h s e n a. a. O.
[185] Chron. Reg. a. a. O.

Ausdrücken als sein Vorfahr, es sollten keine Fremden aus verpesteten Orten eingelassen, und die Stadttore streng bewacht werden. Verpestete Häuser sollte man wenigstens acht oder zehn Tage lang lüften und durch angezündete Feuer und Räucherungen mit balsamischen und gewürzhaften Dingen von schädlichen Dünsten reinigen. Stroh, Lumpen u. dergl. sollte man verbrennen, und die gebrauchten Bettstellen vier Tage lang dem Regen oder dem Sonnenscheine aussetzen, damit durch den einen oder den andern der krankmachende Dunst zerstört würde. Niemand sollte sich unterfangen, Kleider oder Betten aus verpesteten Wohnungen zu benutzen, wenn sie nicht vorher gewaschen und am Feuer oder an der Sonne getrocknet worden wären; auch sollte man Häuser, in denen Pestkranke gewesen, so lange als möglich vermeiden.[186]

Einen Fortschritt kann man in diesen zu allgemeinen Verordnungen nicht gerade erkennen, man überzeugte sich vielleicht auch von den unübersteiglichen Hindernissen, welche den Sperrungen im offenen Binnenlande entgegenstehen, wo befreundete Volksmassen der Gewohnheit eines gewinnreichen Verkehrs zu entsagen, auch durch den härtesten Zwang nicht vermocht werden können. Ohne Zweifel hat nun auch wohl die Natur das Meiste getan, die morgenländische Pest aus dem westlichen Europa zu verbannen, wo der zunehmende Anbau des Bodens, und die fortschreitende Ordnung in der bürgerlichen Gesellschaft sie verhinderte einheimisch zu bleiben, was sie in älterer Zeit höchstwahrscheinlich gewesen ist.

Im fünfzehnten Jahrhundert, wo sie siebzehn Mal an verschiedenen Stellen in Europa ausbrach,[187] kam es schon mehr darauf an, ihrem Eindringen aus Asien, Afrika und dem türkisch gewordenen Griechenland einen Damm entgegenzusetzen, denn selbständig hätte sie sich schwerlich mehr erhalten können. Von den südlichen Handelsstaaten aber, die hierbei das Beste zu tun hatten, war es hauptsächlich das von der schwarzen Pest einst so hart betroffene Venedig, das dem gefährlichen Erwerb der Kaufleute die nötigen Zügel anlegte. Bis gegen das Ende des fünfzehnten Jahrhunderts war der sehr bedeutende Verkehr mit dem Orient frei und unge-

---

[186] Muratori, Tom. XVI. p. 560. – Vergl Chenot a. a. O. S. 146.
[187] Papon, a. a. O.

hindert. Oftmals hatten Schiffer handeltreibender Städte die Pest herübergebracht, ja es war selbst der vorzeitige Ausbruch des großen Sterbens durch Seefahrer veranlaßt worden. Denn als im Spätherbst 1347 vier Schiffe voll Pestkranker aus der Levante nach Genua zurückgekehrt waren, verbreitete sich hier die Seuche mit reißender Schnelle. Im folgenden Jahre verwehrten daher die Genueser verdächtigen Schiffen das Landen, diese segelten nach Pisa und anderen Seestädten, wo bereits die Natur den Empfang der schwarzen Pest so mächtig vorbereitet hatte, und es erfolgte, was wir gesehen haben.[188]

Im Jahr 1485, wo von den oberitalischen Städten besonders Mailand die Geißel der Pest fühlte, wurde in Venedig ein eigener Gesundheitsrat aus drei Edlen niedergesetzt, der gegen das Eindringen dieser Seuche wahrscheinlich alles versuchte, was in seinen Kräften stand, und allmählich alle die Einrichtungen ins Leben rief, die in späterer Zeit den übrigen südeuropäischen Staaten zum Muster gedient haben. Seine Bemühungen waren jedoch ohne vollständigen Erfolg, deshalb steigerte man im Jahr 1504 seine Gewalt, indem man ihm das Recht über Leben und Tod der Beklagten einräumte.[189] Gesundheitspässe wurden wahrscheinlich erst im Jahre 1527 während einer mörderischen Pest eingeführt,[190] welche Italien fünf Jahre lang (1525 – 30) heimsuchte, und zu verdoppelter Vorsicht aufforderte. Wahrscheinlich schon 1485 wurden in einiger Entfernung von der Stadt auf Inseln die ersten Pestlazarette angelegt, in denen man alle aus pestverdächtigen Orten an kommende Fremde zurückhielt. Zeigte sich nun die Pest in der Stadt selbst, so wurden die Erkrankten mit ihren Familien nach dem sogenannten alten Lazarett geschafft, dort mit Lebensmitteln und Arzneien versehen, und wenn sie genesen waren, samt allen denen, die mit ihnen in Verbindung gestanden hatten, noch vierzig Tage lang in dem auf einer anderen Insel belegenen neuen Lazarett zurückgehalten. Alle diese Anordnungen wurden von Jahr zu Jahr vollkommener, man steigerte die

---

[188] Chenot, S. 145.

[189] Le Bret, Staatsgeschichte der Republik Venedig. Riga, 1775. 4. T. II. Abt. 2. S. 752.

[190] Zagata, Cronica di Verona. Verona 1744. 4. III. p. 93.

nötige Strenge, so daß von 1585 an von dem Ausspruche des Ge-
sundheitsrates keine Appellation mehr gestattet wurde, und
allmählich kamen die übrigen handeltreibenden Völker den Venezianern durch übereinstimmende Einrichtungen zu Hilfe.[191] Doch
wurden die Gesundheitspässe erst vom Jahr 1665 an allgemein.[192]

Die Bestimmung einer vierzigtägigen Frist, von der die Quaran-
tänen ihren Namen erhalten, hat durchaus nichts Willkürliches,
sondern wahrscheinlich einen ärztlichen Grund, der zum Teil aus
der Lehre von den kritischen Tagen herzuleiten ist. Denn der
vierzigste Tag ist nach den ältesten Annahmen immer als der letzte
der hitzigen und die Grenzscheide dieser und der chronischen
Krankheiten angesehen worden; man war gewohnt, die Wöchne-
rinnen vierzig Tage lang einer genaueren Aufsicht zu unterwerfen,
auch war in ärztlichen Schriften viel die Rede von vierzigtägigen
Zeitabschnitten in der Ausbildung der Leibesfrucht, nicht zu
gedenken, daß die Alchemisten länger dauernde Umwandlungen in
vierzig Tagen erwarteten, welche Zeit sie den philosophischen
Monat nannten. Es lag mithin nahe genug, diese in natürlichen
Vorgängen für allgemein gehaltene Periode auch für die entschei-
dende bei der Erforschung der Wirksamkeit verhaltener Anstek-
kungsstoffe anzunehmen und gesetzlich einzuführen, da öffentliche Verordnungen Bestimmungen dieser Art nicht entbehren
können, sollte sie auch die Natur der Sache nicht ganz recht-
fertigen. Man hat außerdem noch in dieser Angelegenheit großen
Wert auf theologische und juristische Gründe gelegt, die im
fünfzehnten Jahrhundert gewiß von größerem Gewicht waren, als
in neuerer Zeit.[193] Hierüber mögen wir jedoch nicht entscheiden,
da es hier nur darauf ankam, den Ursprung eines politischen
Schutzmittels gegen eine Krankheit anzudeuten, die seit Men-

---

[191] Le Bret a. a. O. Vergl. Hamburger Remarquen vom Jahre 1700. S.
282 und 305.

[192] Göttinger gelehrte Anzeigen, 1772. S. 22.

[193] Die vierzigtägige Dauer der Sündflut, der vierzigtägige Aufenthalt von
Moses auf dem Berge Sinai, das eben so lange Fasten des Heilandes in der
Wüste; endlich die sogenannte sächsische Frist, welche vierzig Tage
dauert u. s. w. Vergl, G. W. Wedel, Centuria Exercitationum "medico-
philologicarum. De quadragesima medica. Jenae, 1701. 4. Dec. IV. p.
16.

schengedenken das mächtigste Hindernis der Zivilisation gewesen ist, eines Mittels, das wie Jenner's Vaccine nach zwölfhundert jährigem Wüten der Pocken in Europa, durch Vermeidung hemmender Sterblichkeit dem Leben und Treiben der Völker dieses Weltteils eine neue, kaum irgend ab zusehende Richtung gegeben hat.

Anhang.

Das alte Geißlerlied.

Nach Maßmanns Ausgabe von Herrn Professor Lachmann mit der Handschrift verglichen.

Sve siner sele wille pleghen
De salgelden unde weder geuen
So wert siner sele raed
Des help uns leue herre goed
Nu tredet here we boten wille
Vle wi io[194] de hetsen helle
Lucifer is en bose geselle
Sven her hauet
Mit peke he en lauet[195]
Datz vle wief wir hauen fin
Des help uns maria koninghin
Das wir dines kindes hulde win
Jesus crist de wart ge vanghen
An en cruce wart hege hanghen
Dat cruce wart des blodes rod
Wer klaghen sin marter unde sin dod
Sunder war mide wilt tu mi lonen
Dre negele unde en dornet crone
Das cruce vrone en sper en stich
Sunder datz leyd ich dor dich

---

[194] Oder ie
[195] Zeile 8. 9, Z. 38. 39, Z. 47. 48, Z. 80. 81, Z. 82. 83 stehen in der Handschrift je in einer Zeile.

Was wltu nu liden dor mich
So rope wir herre mit luden done
Unfen denst den nem to lone
Be hode uns vor der helle nod

Übersetzung.

Wer seiner Sele will pflegen,
Der soll gelten[196] und wiedergeben:
So wird seiner Sele Rath.
Dess hilf uns, lieber Herre gut!
Nu tretet her, wer büßen will:
Fliehen wir die heiße Hölle;
Lucifer ist ein böser Geselle:
Wen er hat,
Mit Pech er ihn labt.
Das fliehen wir, wenn wir haben Sinn:
Dazu hilf uns, Maria Königin,
Daß wir deines Kindes Huld gewinnen.
Jesus Christus, der ward gefangen,
An ein Kreuz ward er gehangen;
Das Kreuz ward vom Blute rot,
Wir beklagen seine Marter und seinen Tod. –
„Sünder, womit willst du mir lohnen?
„Drei Nägel und eine dornige Krone,
„Das heilige Kreuz, ein Sper, ein Stich,
„Sünder, das litt ich durch! –
„Was willst du nun leiden durch mich?"
So rufen wir, Herr, mit lautem Tone:
„Unsern Dienst, den nimm zu Lohne!
„Behüte uns vor der Höllenoth –

---

[196] Zahlen.

Des bidde wi dich dor dinen dod
Dor god vor gete wi unse blot
Dat is uns tho den suden guot
Maria muoter koninginghe[197]
Dor dines leuen kindes minne
Al unse nod si dir ghe klaghet
Des help uns moter reyne. maghet
De erde beuet och kleuen de steyne[198]
Lebe hertze du falt weyne
Wir wenen trene mit den oghen
Unde hebben des so guden louen
Mit unsen sinnen unde mit hertzen
Dor uns leyd crist vil manighen smertzen
Nu flaed w sere
Dor cristus ere.
Dor god nu latet de sunde mere[199]
Dor god nu latet de sunde varen
Se wil sich god ouer uns en barmen
Maria stund in grotzen noden
Dose ire leue kint sa doden
En svert dor ire sele snet
Sunder dat la di wesen led
In korter vrift
God tornich ist
Jesus wart gelauet mid gallen
Des sole wi an en cruce vallen
Er heuet uch mit uwen armen
Dat fic god ouer uns en barme
Jesus dorch dine namen dry
Nu make uns hir van sunde vry
Jesus dor dine wnden rod

---

[197] Gewiß koninghinne zu lesen.
[198] Man sehe hieraus, mit welchen Gefühlen die unterirdischen Donner vom Volke vernommen wurden.
[199] Von Z. 38. 39. 40 wird in der oben S.50. Anm.2. angeführten Chronik ausdrücklich angegeben, daß sie i. J. 1260 gesungen worden.

Übersetzung.

„Dess bitten wir dich durch deinen Tod;
„Für Gott vergießen wir unser Blut,
„Das ist uns zu den Sünden gut.“
Maria, Mutter, Königin!
Durch deines lieben Kindes Minne
All unsre Not sei dir geklagt,
Deß hilf uns Mutter, reine Magd.
Die Erde bebet, auch klaffen die Steine:
Liebes Herze, du sollst weinen! –
Wir weinen Tränen mit den Augen
Und haben dessen so guten Gelauben
Mit unsern Sinnen und mit Herzen.
Durch uns litt Christ viel manchen Schmerz.
Nu schlagt euch sehr
Durch Christi Ehre!
Um Gotteswillen lasset die Sünde fürder
Um Gotteswillen nu lasset die Sünde fahren:
So will sich Gott über uns erbarmen.
Maria stand in großen Nöten,
Da sie ihr liebes Kind sah töten:
Ein Schwert durch ihre Seele schnitt,
Sünder, das laß dir sein leid!
In kurzer Frist
Gott zornig ist!
Jesus ward gelabt mit Gallen,
Dafür sollen wir kreuzweis niederfallen.
Erhebet euch mit euren Armen:
Daß sich Gott über uns erbarme!
Jesus, durch deine Namen drei[200]
Nu mach uns hier von Sünde frei!
Jesus, durch deine Wunden rot

---

[200] Um deiner Trinität willen.

Be hod uns vor den gehen dod
Dat he sende finen geist
Und uns dat kortelike leist[201]
De vrowe unde man ir e tobreken
Dat wil god selven an en wreken
Sveuel pik und och de galle
Dat gutet de duuel in se alle
Vor war sint se des duuels spot
Dor vor behode uns herre god
De e de ist en reyne leuen
De had uns god selven gheuen
Ich rade uch vrowen unde mannen
Dor god gy solen houard annen
Des biddet uch de arme sele
Dorch god nu latet houard mere
Dor god nu Iatet houard waren
So wil sich god ouer uns en barmen
Cristus rep in hemelrike
Sinen engelen al gelike
De cristenheit wil mi entwichen
Des wil lan[202] och se vor gaen
Maria bat ire kint so[203] sere
Leue kint la se di boten
Dat wil ich sceppen dat se moten
Bekeren sich.
Des bidde ich dich
Gi logenere
Gy meynen ed fverer[204]
Gi bichten reyne und an de sunde uch ruwen
So wil sich god in uch vor nuwen
Owe du arme wokerere *)

---

[201] Zeile 57. 58 gehören wahrscheinlich hinter Z. 53.
[202] Es scheint vielmehr lati. Die ganze Stelle ist nicht in Ordnung.
[203] Vor so ist al vertilgt.
[204] Mein (falsch) ist Eigenschaftwort zu Eidschwörer.

Übersetzung

Behüt' uns vor dem gähen Tod!
Damit er sende seinen Geist
Und uns das kürzlich[205] leiste.
Frau und Mann ihre Eh zerbrechen;
Das will Gott selber an ihnen rächen.
Schwefel, Pech und auch die Galle
Das gießet der Teufel in sie alle:
Fürwahr sind sie des Teufels Spott,
Davor behüte uns, Herre Gott!
Die Eh die ist ein reines Leben,
Die hat uns Gott selber gegeben.
Ich rate euch, Frauen und Männern,
Um Gotteswillen ihr sollet Hoffart rächen.
Darum bittet euch die arme Seele
Durch Gott, nun lasset Hoffart fürder,
Durch Gott, nun lasset Hoffart fahren:
So will sich Gott über uns erbarmen.
Christus rief im Himmelreiche
Seinen Engeln allgleiche[206]
„Die Christenheit will mir entweichen,
Darum will (ich) lassen sie auch vergehen!"
Maria bat ihr Kind so sehre:
„Liebes Kind, laß sie dir büßen,
Das will ich schaffen, daß sie müssen
Bekehren sich,
Darum bitte ich dich!" –
Ihr Lügener,
Ihr meinen (falschen) Eidschwörer,
Beichtet reine und lasset die Sünde euch reuen!
So will sich Gott in euch verneuen!-
O weh du armer[207] Wucherer,

---

[205] d. i. in kurzer Zeit, bald.
[206] d i. sämtlich.
[207] Verworfener.

Du bringeften Iod up en punt
Dat senket din[208] an der helle grunt
Ir morder und ir straten rouere
Ir sint dem leuen gode un mere
Ir ne wilt uch ouer nemende barmen
Des sin gy eweliken vor loren
Were dusse bote nicht geworden
De cristenheit wer gar vorfunden
Deleyde duuel had se gebunden
Maria had lost unsen bant
Sunder ich saghe di leue mere
Sunte peter is portenere
Wende dich an en he letset dich in
He bringhet dich vor de koninghin
Leue herre funte Michahel
Du bist en plegher aller sel
Be hode uns vor der helle nod
Dat do dor dines sceppers dod

Übersetzung.

Du bringst ein Loth auf ein Pfund,
Das senket dich in der Hölle Grund!
Ihr Mörder und ihr Straßenräuber,
Ihr seid dem lieben Gott zuwider,
Ihr wollt euch über
Niemand (er)barmen:
Darum seid ihr ewiglich verloren.
Wäre diese Busse nicht geworden,
Die Christenheit wäre (ganz und) gar verschwunden!
Der leidige Teufel hat sie gebunden!
Maria hat gelöst unser Band.
Sünder, ich sage dir liebe Mähr:
Sankt Peter ist Pförtner:
Wende dich an ihn, er lässet dich ein,

---

[208] Din für di

(85)

Er bringt dich vor die Königin.
Lieber Herre, Sankt Michael,
Du bist ein Pfleger aller Seel',
Behüte uns vor der Höllennot,
Das tu durch deines Schöpfers Tod! –

II. Verhöre der
Brunnenvergiftung beschuldigter Juden.[209]

CASTELLANI Chillionis Antwort-Schreiben ahn die Statt Straßburg, sampt einer Copia der Inquisition und Confession verschiedener Juden in castro Chillionis detentorum, super facto tossici et veneni, des Vergifftens halben, de Anno 1348.

Denen Edlen und Fürsichtigen Schultheissen, Rath und Gemeinde der Stadt Strassburg, Chastellan zu Chillion, Stadthalter Herrn Amtmann zu Chablais. Sich mit aller Dienstfertigkeit und Ehrerbietung empfehlende. Weil ich verstanden, daß ihr verlangt zu wissen die Bekanntnisse der Jüden und verführten Beweissthum wider die selben, So thue hiermit Euch und iedem der Eweren der das zu wissen begehrt, durch dieses gegenwertiges kund, daß die Berner Copie gehabt, der Inquisitionen und Geständnissen der Juden, so sich neulich derer Orten uffgehalten, und beschuldiget seyn worden, daß sie Gifft in die Brunnen, und an viel andere Orten gelegt, und wie darinnen enthalten, daß solches gantz wahr sey. Und weil vil Juden zur peinlichen frage gezogen, auch etliche mit derselben verschont blieben, weil sie es gestanden, und sonst vor das Gericht gefordert und verbrannt worden. Auch etliche Christen denen die Juden etwas von dem Gifft gegeben hatten, die Christen zu vergiften, sind auf das Rad gelegt und gemartert worden. Inmaßen dieser Juden-Brand und Peinlichkeit der gemelten

---

[209] Zu S. 61. Sie haben zu allen späteren Judenverfolgungen den rechtlichen Schein gegeben, und verdienen daher als wichtige historische Dokumente mitgeteilt zu werden Ursprünglich sind sie lateinisch, doch haben wir die deutsche Übersetzung in Königshoven's Chronik (S. 1029) vorgezogen.

Christen an vielen Orten in der Graffschaft Savoyen geschehen. Der Allmächtige bewahre Euch.

Die im Jahr Christi 1348. den 15. Sept. uff dem Schloss Chilion erfolgte Bekantnis der Juden, die in der Neustadt daselbsten verhafftet, über der Vergifftung, derer sie beschuldigt worden, so wol der Brunnen und Quellen, als anderer Orten, auch Speisen und anders, die gantze Christenheit zu sterben und auszurotten.

Erstlich Balavignus der Jud, Wundartzt, Inwohner zu Thonon, wie wol er zu Chillion verhafftet, weil er in Castellan ist betroffen worden, ist ein wenig zur Folter gebracht, und nachdem er wieder herunter gelassen, hat er nach langer Zeit bekant, daß es an die zehen Wochen wären, da Meister Jakob zu Chamberi sich von Ostern an uff ergangene Citation uffhaltende, und von Toledo kommen war, ihme nach Thonon durch einen Judenknaben geschickt hätte von Gifft bey einer Momée eines eyes, dieses sey ein pulver gewesen, in einem ledern dünnen und geneheten Seckel, nebenst einem Schreiben, worinnen er ihm geboten, daß er bey Straff des Banns und Gehorsam ihres Gesetzes, denselben Gifft in den grössern und gemeinern Brunnen seiner Stadt legen, als dessen er sich gebraucht, die Leuthe zu vergifften, die sich des Wassers daselbsten erholeten, und daß er solches keinem Menschen vertrauen solte, bey vorbesagter Straffe, auch in solchem Schreiben bedeutet, daß er dergleichen Gebot in mehr unterschiedlichen Orten ergehen lassen, uff Anordnung der Jüdischen Rabbinen oder Meister ihres Gesetzes, und hat bekannt, daß er besagte Quantität Gifft oder Pulvers in einem Brunnen des Ufers bei Thonon an einem Abend unter einen Stein heimlich gelegt habe. Hat auch bekannt, daß besagter Knabe ihm mehr Schreiben von solcher Sache gebracht habe, so an viel andere Juden gerichtet gewesen, und insonderheit waren etliche gehalten an den Mossoiet Banditon und Samoleto zu Neustadt, an ieden eines, auch etliche andere an Musseo Abramo und Aqueto von Montreamtz den Juden zum Thurn in Vivey, etlich andere an Benetono zu St. Moritz und sein Sohn, unn etliche andere an Vivianum Jacobum, Aquetum und Sonetum, Juden zu Aquani. Desgleichen auch etliche andere an den Abram und Musset die Juden zu Moncheoli, und viel andere Schreiben mehr hätte der Knabe getragen, wie er gesagt, an unterschiedene und entlegene Orte, wüste aber nicht, an wem sie gehalten. Des gleichen hat er gestanden, daß als er den besagten Gifft in den Brunnen zu Thonon gelegt, er seim Weib und Kindern ausdrücklich verboten hette, daß sie des Brunnens sich nicht gebraucheten, hatte ihnen aber die ursach nicht melden wollen. Das vorherstehende hat er bei seinem Gesetze und bey allem dem das in den fünff Büchern Mosis enthalten, durchgehends wahr zu seyn in beysein vieler wahrhafften Personen gestanden und bekannt.

Desgleichen hat er der Balavignus den folgenden Tag in Gegenwart vieler glaubwürdigen Personen die obgesetzte Aussage freiwillig und ausser der Peinlichkeit gestanden, daß obige Bekantniss wahr sey, und hat sie von wort zu wort wiederhohlt, und hat noch von freien Willen bekannt, daß er einstags von Tour bey Vivay kommen sey, und eine Quantität Giffts in einem Läpplein die ihm Aquetus von Montreantz, Innwohner zu besagten Tur gegeben, in einen Brunnen unterhalb Mustruez, nemlich im Brunnen de la Conerayde geworffen, einer großen Nuss gross, daß er solchen Gifft gelegt, hatte er gesagt und offenbahrt dem Juden Manssiono Inwohnern zu Neustadt und Delosaz seinem Sohn, daß sie nicht darauss trinken sollten, hat auch die Farbe des Giffts beschrieben, daß er roth und schwartz sey.

Item den 19. Tag des September Monats hat der besagte Balavignus bekant, ohn Peinlichkeit, daß der Jud Mussus zu Neustadt drey Wochen nach Pfingsten ihm gesagt hette, daß er Gifft gelegt in deren Borneller eigenem Brunnen zu Neustadt im Zollhause, und daß er nicht mehr darauss trincke, sondern aus der See. Gestehet auch, daß diser Jud Mussus ihm gesagt, daß er auch zu Chillion in der Borneller Brunnen im Zollhause unter die steine von dem Gifft gelegt hette, in welchem Brunnen alsdann nachgesucht un bemelter Gifft gefunden wor den, Davon dann einem Juden zur Probe gegeben worden, der davon gestorben, Sagt auch, daß ihre Rabbinen ihm und andern Jüden befohlen, daß sie sich der vergiffteten Wasser zu trincken die nechsten neun Tage nach legung des Giffts enthalten sollten, Sagt ferner, daß so bald er den Gifft gelegt gehabt, er wie oben gesagt, als bald den andern Juden es offenbahrt. Er gestehet auch, daß wol zwo Monat verflossen, daß er zu Evian gewesen, und mit dem Juden Jacob wegen dieses

Handels geredet, und ihn unter andern gefragt, ob er wie andere
Schreiben und Gifft habe, der ihm mit ja beantwortet. Ferner hätte
er denselben befragt, ob er dem Befehl wäre nachkommen, welcher
geantwortet, daß ers nicht gelegt, sondern den Gifft dem Juden
Saveto gegeben, der hätte ihn gelegt zu Evian in dem Brunnen de
Morer, und hätte ihm, dem Balavigny befohlen, daß er dergleichen wol verrichtete, wie es befohlen sey. Er sagt, der Aquet
von Montreantz ihn berichtet, daß er von dem Gifft gelegt hette
in den Brunnen über Tour, von dem er etlich mahl zu Tour
getruncken gehabt Er bekennt, daß Samolet zu ihm gesagt, daß
er das Gifft, so er bekommen, gelegt hätte in einen Brunnen, den er
ihn aber nicht benennen wollen. Dieser Balavigny sagt auch, weil
er ein Wundartzt ist, wenn einer von solchem Giffte angesteckt
wird, und ein ander ihn anrühret in solcher seiner Schwachheit
wenn er schwitzet, daß er von solchem anrühren gar leicht angesteckt wird, auch von dem anhauchen eines angesteckten, und
das glaube er wahr zu seyn, weil ers von erfahrnen Medicis gehört,
und sey er gewiss, daß sich andere Jüden davon nicht entschuldigen
können, als die sich dessen wol bewusst, und an vorbesagten dingen
schuldig. Dieser Balavigny ist durch den See in einem Schiffe
von Chillion nach Clarens geführt, zu besehen und zu weisen den
Brunnen darin das Gifft gelegt worden, wie er ausgesagt hat, als er
dahin kommen, hat man ihn las aufssteigen, und da er den
Brunnen und den Ort do er den Gifft gelegt gehabt, gesehen, hat er
gesagt: das ist der Brunnen da ich den Gifft gelegt, diesen Brunnen
hat man in seiner Gegenwart untersucht, und das leinen Tuch,
darein das Gifft gewickelt war, in des Brunnen Aufslauffe gefunden, durch einen Notarium Publ. Heinrich Gerharden, in
beyseyn vieler Leuthe, und ist dem besagten Juden gezeigt worden.
Da hat er gestanden und bekannt, daß dieses das leinen Tüchlein
sey darin das Gifft gewesen, und das er in den offenen Brunnen
gelegt gehabt, und gesaget, daß es von zweyerley Farben sey,
schwartz und roth. Dieses leinen Tüchlein ist mitgenommen worden, und wird verwahrt. Diser Balavigny hat bekannt, daß dieses
vorher erzehlte alles und jedes wahr sey, und daß er glaube, daß in
diesem Giffte sey etwas von dem Basilico, weil das besagte Gifft
nicht könne verfertiget werden, als vermittelst des Basilici, wie er
hette hören sagen, und er dessen gewiss sey.

2. Banditono Jud von Neustadt, ist am 15. Sept. ebenmessig ein wenig uff die Folter gebracht, hernach wieder herab gelassen, nach einer langen weile hat er gestanden, daß er eine quantität Gifft ohngefehr einer großen Nuss gross, und die ihm Musseus der Jud zu Tour bei Vivay gegeben gehabt, in den Brunnen zu Carutet gelegt habe, dieselben Leuthe zu vergifften.

Item des folgenden Tags hat dieser Banditono freywillig und ohn der Peinlichkeit gestanden und bekannt, daß seine vorige Aussage wahr sey, auch dieses bekennet, daß Meister Jacob von Pasche, der von Toleta kommen, und zu Chamber sich gesetzet, ihme von dem Gifft geschickt gehabt, an der Grösse als eine große Nuss, nach Pilliex durch einen Jüdischen Knecht mit einem Schreiben, darin enthalten, daß er den Gifft in die Brunnen legen sollte bey Straff des Banns, diesen Gifft hätte er in den Brunnen Cercleti de Roch gelegt, und sey in einem ledernen Seckel gewesen. Bekennet auch, daß er viel andere Schreiben gesehen, die der besagte Knecht gehabt, die an die Juden hielten. Hätte auch gesehen, daß besagter Knecht ein Schreiben Samuleto dem Juden zu Neustadt zugestellt, ausserhalb des obern Thores, Er sagt auch, daß der Jud Massolet ihm vermeldet, daß er Gifft gelegt in den Brunnen bei der Brücken zu Vivay, u. s. w.

3. Besagter Mamsson der Jud von Neustadt ist berührten 15. Tag des ermelten Monats zur Folter gebracht, hat nichts gestanden von den obigen, vorgebend er wisse gantz und gar hiervon nichts, aber den Tag darauff hat er freywillig und ohn aller Peinlichkeit in beyseyn vieler, bekannt, daß er an einem Tage, in der vergangenen Pfingstwoche und noch ein Jud genannt Provenzal von Moncheolo gangen wären, und im gehen berührter Provenzal zu ihm gesagt, Es muss seyn, daß du von Gifft den ich dir geben wil, in jenen Brunnen legest, oder wehe deiner, und das wäre der Brunnen von Chabloz Crüez zwischen Vyona und Mura gewesen, Er der Mamsson hätte diese quantität Gifft genommen einer Nuss gross und in den Brunnen gelegt, und er glaubte, daß über diesen Gifftshandel die Juden der Orten bey Evian vor Pfingsten einen Rath gehabt und gehalten unter sich, Sagt ferner, daß ihm besagter Balavigny eines Tages eröffnet, daß er Gifft gesetzt in den Brunnen de la Conery unterhalb Mustruez, Sagt auch, daß sich niemand der Juden wegen dises Handels entschuldigen könne,

sintemahl alle mit einander durchgehends Wissenschafft tragen, un daran schuldig seyn.

Dieser Mamson ist den 3. Oct. darauff vor die Commissarien gebracht worden, und hat an dieser Aussage nichts geändert, ohn daß er das Gifft in besagten Brunnen nicht gelegt.

Dieses alles haben die vorgemelten Juden vor ihrer Hinrichtung bey ihrem Gesetz behaben, daß es wahr sey, und daß alle Juden von sieben Jahren und darum nicht zu entschuldigen wären, dann sie alle durchgehends darvon Wissenschafft und an diesem Handel Schuld hätten.

Die übrigen sieben Verhöre unterscheiden sich von den vorstehenden fast nur in den Personen, und gewähren wenig Abwechselung. Es mag daher nur noch eine charakteristische Stelle am Schluss dieses Aktenstücks folgen. Das Ganze spricht durch sich selbst.

Es sind aber noch viel andere Beschuldigungen und Beweissthüme wider besagte Juden und andere in andern Orten der Graffschafft Savoyen sich befindende, so wol von Juden als Christen ergangen, welche auch schon wegen dieses überaus großen Verbrechens abgestrafft worden, die ich aber vor itzo nicht bey handen gehabt, und nicht mitschicken können. Und solt wissen, daß alle Juden, so zu Neustadt gewesen, durch Urthel und Recht verbrannt seyn. Es ist auch zu Augst wegen des Vergifftens dreyen Christen die Haut abgezogen worden, darbey ich gegenwärtig gewesen. Es sind auch an viel anderen Orten gleichfalls viel Christen wegen solcher Unthat ergriffen worden, Insonderheit zu Evian, Gebenne, Krusilien und Hochstett, die endlich und in ihren letzten Zügen gestanden und bekannt, daß sie den Gifft, so sie gelegt, von den Juden empfangen, dieser Christen seynd etliche geviertheilt, etliche geschunden und aufgehenkt worden. Und sind gewisse Commissarien von der Herr schafft verordnet, die Juden abzustraffen, von denen ich glaube, daß keiner übrig bleiben wird usw.

Zu dieser Ausgabe.

Der Text dieses Buches folgt der Ausgabe:
Der schwarze Tod im vierzehnten Jahrhundert.
Nach den Quellen für Ärzte und gebildete Nichtärzte bearbeitet
von Dr. J. F. C. Hecker. Berlin 1832.
Der Text wurde in die traditionelle deutsche Rechtschreibung
übertragen und zum besseren Verständnis für den heutigen Leser
sprachlich bearbeitet.